UNE ANNÉE SUR LA ROUTE

SAMUEL ADRIAN

UNE ANNÉE SUR LA ROUTE

ÉQUATEURS

Ouvrage édité par Jeanne Pham Tran

ISBN : 978-2-266-33584-3
Dépôt légal : juin 2023

À Greg et Mary.

« Nous nous sommes souvent ennuyés, comme ici. »

Charles Baudelaire, *Le voyage*.

Tout avait pourtant bien commencé. Nous étions en terrasse et parlions de la mort, du bonheur, tout ça, tout ça, car à vingt-trois ans on se fiche bien de la couleur des rideaux et de la taille du canapé. On craint surtout de passer à côté de la vie. « Puisque notre destin est de mourir, disions-nous, pourquoi gâcherions-nous nos plus belles années à croupir dans les villes ? À quoi bon vivre, si ce n'est pour chercher la grandeur ? Nous attendons qu'un événement nous révèle à nous-mêmes quand notre quotidien dit assez qui nous sommes : des bavards incapables d'action. » Cela faisait dix ans que mon cousin et moi remettions aux calendes le projet d'une grande aventure. Cette fois-ci, c'était trop. On avait comme le désir de frapper du poing sur la table : « Suffit, les conneries ! »

Les voitures défilaient sous nos yeux, nous ne les entendions pas. À dire vrai, nous n'étions plus à Paris. C'est peut-être là que commencent vraiment les voyages. Non pas sur le seuil du foyer ou sur le quai de la gare, mais dans ces causeries enflammées où l'appel de la route est si fort qu'on y succombe enfin. La vie continue, mais intérieurement on se détache. On prend de la distance. On est déjà bien loin. On retrouve ses parents, ses amis. Ils ne savent pas encore que la décision est prise et qu'on va les quitter. Ils sont là, on les voit comme au loin. On sent l'amour qu'on a pour eux, et qu'une trop longue cohabitation nous avait fait oublier. C'est ainsi qu'on fait l'apprentissage de la mort. Il faut vivre en partance, l'adieu toujours aux lèvres.

Ce jour-là, juste avant de nous quitter, Xavier nous fit promettre de *ne jamais nous payer de mots.* Sans doute, cela voulait dire : « Cessons de parler d'aventure, vivons-la. » Mais il y avait autre chose. Il y avait le désir de ne jamais se mentir à soi-même, de ne pas être dupe de ses propres discours. Il y avait la certitude qu'en dernier lieu, la valeur d'un homme s'avère aux actes qu'il pose, non aux paroles qu'il profère. Il y avait enfin la conviction qu'on ne peut pas grandir seul : l'aide d'un ami n'est jamais de trop. Moi qui traîne depuis l'adolescence une réputation de paresseux et de beau parleur, le souvenir de ce serment n'a pas fini de me hanter. Il y a une manière d'être grave qui n'appartient qu'à des amis de vingt ans, lorsque entre deux éclats de rire, sous le soleil de juin, ils se jurent de garder foi en l'homme.

De cet engagement, nulle trace écrite. En guise de paraphe, une poignée de main. Dix mois plus tard, nous étions sur les routes.

Notre itinéraire consistait en une ligne hésitante, tracée sur la carte de mon agenda au cours d'une soirée pluvieuse. Partant de France, elle sinuait jusqu'aux confins de l'Asie, puis revenait en France par un autre chemin. C'était un retour simple. Dix ans de guerre et dix ans de mer ont fait connaître au sage Ulysse tout le prix du foyer. Nous comptions sur deux ans de voyage pour retrouver la France. L'origine n'est-elle pas le but de toute odyssée ? À mesure qu'on s'en éloigne par la distance, on s'en rapproche par le cœur. Nous partions avec une Peugeot 204 chargée de livres et de vins. Une telle voiture était la moins adaptée qui soit aux pistes qui nous attendaient. Seulement, nous n'en avions pas d'autres. Jusqu'où nous mènerait son cœur de fonte ? Istanbul ? Bar-le-Duc ? Pierre, notre garagiste, avait eu cet oracle lapidaire : « *Elle tiendra.* » Nous avions toujours foi dans les oracles de Pierre. Il avait sillonné l'Europe, l'Asie, l'Afrique avec des guimbardes plus vieilles que la nôtre. Dans son bureau, une pagaille de bibelots et de cartes postales attestait les mois passés sur la route. Il avait de ces conseils frappés au coin du bon sens qui me plongeaient pourtant dans des abîmes de perplexité : « Ne vous encombrez pas de pièces de rechange, car la pièce dont on a besoin est toujours celle qu'on n'a pas apportée », ou encore : « Ne demandez pas conseil, car tout ce qui vous arrive n'arrive qu'à vous. » Pierre savait bien que nous n'étions pas férus de mécanique. Il devinait que nous n'étions pas doués de nos mains. Il avait accepté de nous apprendre les rudiments. Pour le reste, il croyait en notre bonne étoile. Dans le resto japonais situé en face de son garage, les doigts encrassés de calamine, nous méditions son enseignement : « Préparez votre voyage, car il n'est pas raisonnable de partir à l'étourdie ; mais sachez que votre préparation est inutile, car rien ne se passe comme prévu. » Si peu de choses, en définitive, dépendent de nous. Un voyage réussi est toujours l'apprentissage d'un abandon.

Nous en avions fait l'expérience quelques années plus tôt. Xavier avait parcouru des milliers de kilomètres à pied jusqu'au Maroc. Il en était revenu ivre de Dieu. Trois ans de vie parisienne l'avaient un peu dégrisé, mais il gardait au fond de lui le souvenir brûlant d'une ferveur trouvée sur les chemins. Inspiré par sa folie, j'avais marché en Israël. Je n'y avais pas trouvé Dieu, qu'à l'époque je fuyais plutôt. Mais j'en étais revenu plus grave. Enfant d'un siècle frivole, où le confort est la grande affaire, il me semblait que toute expérience était bonne à prendre, qui me forçât au sérieux. Le pli m'en est resté, ainsi qu'une tendance ridicule à m'exprimer par sentences. Nous partions donc dans cet enthousiasme que certains, avec tendresse ou condescendance, appellent *idéalisme*. À les entendre, l'idéalisme tient le milieu entre la rêverie et la bêtise. En un sens, ils ont raison. En un autre sens, ils passent à côté de ce qui fait la beauté d'une vie humaine. Le tourisme était la moindre de nos priorités. Nous ne cherchions pas non plus la prouesse ni le record. Passé un certain âge, la volonté d'être *le premier à...* nous semblait la marque d'un petit esprit. Ce qui nous intéressait avant tout, c'était ce que le voyage révélait de nous-mêmes. C'était l'homme qui lentement naissait en nous sur la route, et dont la ville retardait l'éclosion. En d'autres termes, le voyage était un moyen, non une fin. Et si nous l'aimions tant, c'est qu'il nous simplifiait.

Mais un an après le retour, placé à l'autre bout des espérances du départ, un vertige me saisit à la lecture des carnets de route. Que m'apprend ce fatras d'anecdotes, si ce n'est l'effondrement des illusions qui nous poussaient à partir ? Le voyage ne nous a pas rendus meilleurs. Nous sommes rentrés avec les mêmes désirs, inassouvis. Nous avons erré d'un continent à l'autre, retrouvant partout le bruit que nous cherchions à fuir. Hamsters fous, nous avons roulé dans la cage des méridiens. De cette vaine agitation, je retiens l'impression d'un désolant *surplace*. Il y eut pourtant quelques lumières. Elles brillent mais n'éclairent pas, comme des braises sous un tas de cendre. Comment rallumer le foyer ? Je prie ce dieu qui m'animait au départ de revenir habiter mes jours.

Lucidité et enthousiasme : ma vie oscille entre ces pôles. Ce qui est gagné pour la lucidité est perdu pour l'enthousiasme. Les plateaux de la balance finiront-ils par se trouver à niveau ? Peut-on être heureux sans être dupe ? Cet équilibre que je peine à trouver dans l'action, je l'établis par l'écriture. Mais je crois en cette béatitude dont parlent les mystiques, où l'âme, inondée d'amour, se dilate au-delà de sa capacité. Alors la lucidité n'assèche plus l'enthousiasme, mais le nourrit.

Verdun

La République nous avait beaucoup parlé de Verdun. C'était un nom de manuel, comme Valmy ou Austerlitz. Au juste, était-ce une victoire, une défaite ? De nos vieilles leçons, nous retenions surtout l'idée de sacrifice. Avant de quitter la France, nous voulions voir Douaumont. Il nous plaisait de commencer le voyage par une note solennelle. Pour la circonstance, le temps s'était mis au gris. Nous avions traversé la Marne sous un ciel de plomb.

Je me rappelle ma surprise à la vue du panneau de Fleury. En dessous du toponyme encadré de rouge, on peut lire : « *Village détruit* ». Le panneau dit en somme : « Voyez : il n'y a rien. » De Fleury, la guerre n'a pas laissé pierre sur pierre. Il n'en reste rien que le devoir de s'en souvenir. L'artillerie a fauché, la forêt a poussé. Une plaque indique, entre les sapins, l'ancien emplacement d'une école. On apprend que le hameau a été repris une quinzaine de fois en un peu plus de trois semaines. On ferme les yeux, on essaie un instant d'imaginer. On ne peut pas (c'est qu'il y a là un merle qui nous enchante de ses trilles). Je crus opportun de réciter à Xavier quelques vers de Péguy.

Heureux ceux qui sont morts dans les grandes batailles,
Couchés dessus le sol à la face de Dieu.
Heureux ceux qui sont morts sur un dernier haut lieu,
Parmi tout l'appareil des grandes funérailles.

Il y a quelques années, ils m'avaient tiré les larmes. Mon cœur se soulevait à l'image des charges héroïques, et je trouvais mon époque morne et ennuyeuse. Comment un jeune homme prouve-t-il sa valeur dans un siècle bourgeois ? L'excellence du bulletin trimestriel, la joie futile des records ne suffisent pas. Le voyage ? Je savais bien ce qu'il était : un ersatz d'aventure pour un peuple endormi. Où était la vraie, la grande aventure ? Dans le don intégral de sa personne, dans le sacrifice, la mort volontaire. Mais nous autres, enfants pourris de l'après-guerre, en étions-nous encore capables ? Je me sentais fait d'un autre bois. Je craignais d'être de *mauvaise qualité*. J'étais le fils ingrat de la Paix. Parce qu'elle m'avait donné la satiété, je l'accusais de m'avoir ramolli. Je m'en prenais à la génération de mes parents. Ils n'avaient jamais connu la guerre et avaient tout détruit. Ils avaient connu la paix et n'avaient rien bâti. Ces égoïstes ne pensaient au fond qu'à s'amuser. Ils étaient d'une affligeante pauvreté spirituelle. Ils ne nous avaient rien transmis qu'un vulgaire goût du plaisir. Après eux, mais vraiment, le déluge. Jamais décennies n'avaient été aussi mal nommées que les « Trente Glorieuses ». Comment aimer mon époque, puisqu'elle exalte ce qui avilit l'homme et ruine ce qui l'élève ? Ma vie suit le va-et-vient du balancier de l'Histoire. Il est inévitable qu'après cinquante ans de frivolité, j'aspire à un peu de grandeur morale. Je sentais mûrir en moi le fruit fatal de la guerre. Le sport et le voyage me tenaient lieu d'épreuves.

Mais voilà qu'à la vue de cette terre bosselée, le poème de Péguy ne faisait plus effet. L'émotion qu'il m'avait procurée, je la réclamais en vain. Dans la Tranchée des Baïonnettes, quelques kilomètres plus loin, j'appris que mille cinq cents soldats furent massacrés en deux jours. « Épisode glorieux », dit le guide. Vraiment ? Je me *dégonflais*. La guerre que Péguy me présentait comme un sacrifice épique m'apparaissait ici comme une ignoble boucherie. Nous sommes toujours dupes des mots et des films. Quelques phrases bien tournées, un *travelling* soigné, une bonne symphonie et nous voilà fleur au fusil, courant à cet abattoir boueux que les gens de l'arrière appelleront « champ d'honneur ». Quand l'État a besoin de guerriers, il enivre ses citoyens des mots de « devoir » et de « gloire ». Quand il a besoin de consommateurs, il laisse la publicité leur pourrir le crâne. Dans la guerre comme dans la paix, je ne vois que la misère de l'homme à l'ère des masses, mouton toujours plus docile, vulnérable à toutes les propagandes, se réclamant d'une Liberté dont il n'est plus capable.

Le bourrage de crâne insuffle l'entrain. Le vin inspire le courage. Mais la ténacité – ces jours, ces mois à *endurer* –, comment l'obtient-on d'un soldat ? N'y avait-il pas autre chose que le seul instinct de survie ? N'y avait-il pas, chez certains hommes, la conscience du sacrifice ? Martyrs, je vous louerai, et votre mort glorieuse…

Je les imagine, les gars de Verdun, tenant à leur vie comme je tiens à la mienne, injuriant le sergent, mais lui obéissant, allant à la mort à reculons, mais y allant, empoignant leur fusil, leurs munitions, et à Dieu vat ! droit vers le chaudron de sang. Je les imagine, les défenseurs du bois des Caures, face à face avec les « Boches », crevant les ventres à la baïonnette pour se faire tailler à leur tour – entrailles dégoulinantes sur des mains éplorées. Je les imagine levant le nez, observant l'ennemi revenir à la charge avec une obstination d'insectes, et les copains autour qui tombent et s'amoncellent. Je les imagine sous la neige, les doigts gelés, crevant de soif, respirant un air vicié par la putréfaction des cadavres. Vraiment, tout cela passe l'envie de rire. Combien de temps aurais-je tenu dans cet enfer ? De quel bois étaient-ils faits, ces hommes de Verdun ? Quel est le secret de leur force d'âme ? Ils sont mes ancêtres. Quelque chose d'eux à moi est passé. Pourrai-je me présenter un jour à leurs yeux sans rougir ? Mais je vis déjà sous leur regard. Car les véritables témoins de mes actes, ce ne sont pas mes contemporains. Ce sont les morts, la grande famille des sages et des saints, les preux de mon enfance, les gars de la Marne et les Résistants. Que pensent-ils de moi ? Ils s'affligent de ma mollesse et de ma lâcheté. Du moins aurai-je eu le courage d'avoir honte et de mépriser ma nostalgie. Car il n'y a pas meilleure façon de se montrer indigne des exemples du passé que de pleurnicher sur le présent.

Parmi les dizaines de milliers de morts, combien de « disparus » ? Soldats volatilisés, incorporés à la glèbe dont la vie jaillira. Où sont-ils passés, ces visages aimés, ces mains, ces lèvres à nuls autres pareils ? Et qui s'en souvient ? Mon corps subira le même sort. Et après ? Suis-je venu ici pour me jouer la vulgaire comédie des *vanités* ? Visiter les tombes pour me stimuler à vivre, vraiment, suis-je tombé aussi bas ? Non, ma curiosité n'a rien de macabre, car ce ne sont pas les cadavres qui m'attirent, mais le souvenir des héros. Ce n'est pas la mort, mais l'éternité. (On inscrit un nom sur le marbre, le voilà oublié. L'éternité même est périssable.)

Ce qui frappe à Douaumont, c'est le calme. La route n'est pas loin, pourtant, et les bus sont nombreux. Le calme tient donc à la nature du lieu. Ici, *on fait silence*, comme à l'entrée d'une église. Écoutant les pensées qu'éveillait en moi l'ossuaire, je réalisai que ce silence était ambigu, et qu'il entrait dans mon recueillement autre chose que le seul respect pour les morts. Les monuments funéraires nous assénaient de village en village que nos héros étaient « morts pour la France ». Morts pour la France ou morts *par* la France ? À l'ère de la mobilisation, les héros ne sont pas tous volontaires. Dans la détresse de l'agonie, bien des soldats ont dû la maudire, cette Patrie cannibale, qui les précipitait dans l'enfer de Verdun. La patrie vaut-elle le sang versé ? Il est facile de trancher la question quand il s'agit du sang des autres. Que diraient les morts ? On connaît la réponse de l'*Odyssée*. Ulysse rencontre l'ombre d'Achille aux Enfers. « Ne te plains pas ! lui dit-il [il a beau jeu : il est vivant]. Tu règnes sur les morts comme un dieu ! » L'ombre d'Achille lui répond en substance : « Ne me farde pas la mort ! [Avis aux poètes de mirliton, amateurs d'héroïsme, romantiques lyriques et béats], je préférerais vivre dans la misère que d'avoir la gloire au pays d'Hadès. » Le plus glorieux des hommes n'est pas dupe de la gloire. Lui seul en connaît vraiment l'inanité. Il y avait le point de vue des vivants : rien ne vaut la gloire, soleil des morts. Et le point de vue des trépassés : rien ne vaut de vivre sous le soleil des hommes. Qui avait raison, d'Ulysse ou d'Achille ? Je passais de l'un à l'autre, sans parvenir à concilier les deux visages de la guerre : « sacrifice glorieux », « absurde boucherie ». Une part de moi rendait hommage, l'autre se révulsait, et cette oscillation m'aidait à comprendre ce que la bataille de Verdun avait de propre, et que Péguy n'avait pas pu anticiper. Verdun portait en elle toute l'ambiguïté de la guerre industrielle, où la valeur de l'homme ne compte pour rien face à la puissance des machines. Admirable courage, et dérisoire. Que vaut un héros de soixante-quinze kilos face à un obus du même poids ? Homère parle des « guerres qui donnent gloire aux hommes ». Cette guerre-là a fait perdre au mot « gloire » tout rayonnement. C'est un siècle triste et mesquin, celui où l'emploi des mots « sacrifice », « gloire », « patrie », vous fait passer pour grandiloquent.

Dans le calme de Douaumont, je sentais autre chose. Je craignais que l'ossuaire, d'ici quelques années, ne me devienne étranger. Sans doute, on l'admirerait un jour comme un temple païen – témoin d'une foi disparue. Douaumont n'était pas qu'un lieu de mémoire, c'était un lieu de culte. Le langage des inscriptions en témoignait. « À nos martyrs sacrifiés », voilà des mots qui déjà rendent un son plus faible qu'il y a cent ans. La IIIe République a pu être anticléricale, elle n'a jamais été impie. Elle n'a fait que remplacer une piété par une autre et n'a pu obtenir de son peuple ce sacrifice extraordinaire qu'en vivant sur la vitesse acquise de l'antique foi chrétienne. Mais aujourd'hui, quelle foi anime mon peuple ? « Liberté, égalité, fraternité » : la guerre a évidé ces mots de leur substance. Mon époque m'apparut à Douaumont comme un désert aride et pollué, où nulle ferveur ne pourrait plus prendre racine.

J'étais venu recevoir à Verdun une bonne leçon de patriotisme, et voilà que la République m'apparaissait comme un cadavre qui se maintenait par l'inertie de valeurs mortes. Comme la monarchie au XVIIIe siècle, elle faisait illusion. La prochaine secousse en viendrait à bout.

Apprenant le nombre de victimes – trois cent mille –, Xavier et moi restions sans voix. Nous admirions le courage de ces hommes, à l'aune duquel notre prétention à l'aventure était une aimable plaisanterie. Le lendemain, nous franchissions le Rhin, dieux lares en poche.

Bač, Serbie

Nous passions nos journées sur les routes, nos nuits dans les forêts – ni vus ni connus, comme des enfants fugueurs. Chaque vallon nous appelait de sa voix de ruisseau. Si le temps était bon, nous déjeunions sur l'herbe. Une douce somnolence nous gagnait à la fin du repas. Nous nous abandonnions de bonne grâce à son emprise, laissant tomber nos livres sur la poitrine et nos cigarillos se consumer entre les doigts. Au réveil, c'était l'appel de la route. Branle-bas. Nous remballions la nappe et le vin d'orange, les bras tatoués par l'empreinte des brins d'herbe écrasés. L'Europe me paraissait un grand jardin. Nous étions libres d'aller où nous voulions. La joie de vivre, c'était cela : aviser un terrain de foot, garer la voiture, jouer avec son cousin. Et puis rallumer le moteur, écouter Dire Straits, rouler, rouler encore. « Les roues chantent dans mon cœur, chantent la liberté » (Cendrars). Nous sommes enfants. Le monde enfin s'ouvre à nous comme un livre d'images. Schwarzwald austère et silencieuse, pâturages bavarois, vous défilez sous mes yeux comme un diorama forain. Je vous vois en coup de vent. Je ne vous connais pas.

Un arrêt chez de bons amis, à Munich, nous avait confortés dans notre désir d'éviter les villes. Car la ville est par excellence le lieu des marchands. Or les marchands sollicitent toujours, pour vendre, les régions mineures de l'humanité, ses instincts les plus bas. Voilà pourquoi il est impossible de grandir en ville. « Munich n'est-elle pas le joyau de la Bavière ? N'avez-vous pas apprécié le charme de la place de Vienne, la splendeur de l'église Asam ? » Oui, tout cela est bien joli. Mais c'est aussi partout le même vacarme. De Paris à Munich, nous avions seulement changé de décors. Les figurants avaient les mêmes façons de se distraire, les mêmes vêtements. Dans le centre-ville, nous avions retrouvé les mêmes enseignes. Et partout, cette impression de déambuler dans une vaste galerie marchande. On avait pris de la distance sans s'éloigner d'un poil. Quel enchantement nous avait conduits, après cinq jours de route, à retrouver la case départ ? Que fallait-il faire, pour simplement *partir* ? Jusqu'où devrait-on rouler pour se sentir ailleurs ? Nous avions, Dieu merci, des milliers de kilomètres à parcourir. Nous ne pouvions nous déprendre de ce préjugé que la distance est gage d'exotisme. Si Munich avait un air de *déjà-vu*, Vladivostok, sans doute, devait être différente. *East is East, etc.*

Sur mon carnet de poche, je récoltais les souvenirs de la journée. Quel souvenir de Munich ? « Cadavre d'un écureuil, au pied de l'église Saint-Lukas, roulé sur lui-même comme un chat, gracieux jusque dans la mort – petit prince roux assoupi sur le sol. » En somme, je retenais de la ville ce qui en elle m'évoquait la forêt. Voyager, c'était prendre le maquis.

Dans les avenues de Salzbourg, nous traînions derrière nous une odeur de feu de bois. Nous étions passés en une heure du voisinage des sapins à celui des hommes. N'étant pas tout à fait heureux ni en ville ni en forêt, je trouvais bon d'alterner. Toujours la même rengaine, rebattue depuis l'Antiquité : en ville, j'entends l'appel de la forêt ; en forêt, celui de la ville. Immobile, j'aspire au mouvement ; en mouvement, au repos. Sédentaire, je rêve de voyage ; en voyage, je regrette le foyer.

Solitaire, je désire le couple ; en couple, la solitude. C'est fini, oui ? Le désir, divinité insatiable, se paye ma tête. Cette insatisfaction inspire parfois de très beaux poèmes, souvent de facture chrétienne ou romantique. Avec un peu de recul, cependant, elle n'a rien de tragique. Pour peu qu'on ne soit pas d'humeur pascalienne, on parvient même à l'aimer. Qu'arriverait-il si d'aventure je parvenais à l'apathie des stoïciens ? La paix ? Le calme plat ? Rien de tout cela : je désirerais le désir. Ça n'en finira jamais : le serpent de l'Envie se mord la queue. Je n'étais pas à Salzbourg depuis deux heures que déjà les montagnes m'incitaient à reprendre la route. Il me faut encore aller voir ailleurs si j'y suis. Divin Mozart, tu es tout entier dans tes œuvres. Qu'ai-je besoin de m'ébaudir devant ton berceau, moi qui écoute tes concertos, moteur coupé, dans le calme des forêts ?

Après une nuit de route, nous échouâmes à Bač, en Serbie. La commune ne doit pas compter plus de dix mille habitants. Elle fut jadis, au dire des archéologues, une vaste cité marchande sur la plaine pannonienne. Aujourd'hui, c'est un bourg perdu dans un océan de colza, où il ne se passe rien. Je me souviens de rues larges bordées de bouleaux, à l'ombre desquels de larges matrones, sur des fauteuils en plastique, écoutent la radio et crient sur leurs enfants. Nous posâmes nos valises à la pension Jakić. Rien n'avait changé depuis cinquante ans. Le mobilier de la chambre avait la rude simplicité de la mode soviétique. Impériale, la patronne siégeait derrière son comptoir. Quelques poils drus lui couvraient la lèvre supérieure. « La pension Jakić a vu passer le monde entier ! » Cela en fait un peu le centre du monde. Un jour, elle eut même la visite de deux Américains, c'est dire. Nous dînions en compagnie de Mikahila et Déjan, employés dans une fabrique de balais. Payés une misère, endettés jusqu'au cou, ils nous avouaient que tout de même, c'était dur, mais qu'ils n'étaient pas à plaindre, oh non, pas à plaindre. À la télévision défilaient les images de Notre-Dame en flammes.

Le souvenir de la guerre était frais dans leur mémoire. Ils y avaient laissé un oncle, un frère, quelques amis. Xavier et moi, puceaux du malheur, on se taisait. Vrai, on se sentait petits. Un abîme nous séparait de nos hôtes. Ils avaient acquis dans l'épreuve une force que je réclamais en vain du voyage. Ils étaient *aguerris.* Comment s'aguerrir, sans guerre ? Un jour que nous nous plaignions d'une quantité de nourriture insuffisante, le grand-père d'un ami avait eu cette phrase : « Il leur faudrait *une bonne guerre…* » Prise au mot, la parole est idiote. Mais ce n'était pas là une parole à prendre au mot. Il voulait simplement dire qu'à ne jamais manquer on oublie la valeur des choses. Il ne nous dit pas : « Il *vous* faudrait… », mais : « Il *leur* faudrait… » Il nous mettait à distance. Nous n'étions plus contemporains, mais les membres anonymes des gâtés de l'après-guerre. Je ne pouvais comprendre cette génération que par le détour d'une analogie. Il y a les malades et les bien portants. Les premiers aimeraient dire aux seconds : « Sachez que vivre est un miracle, et bénissez le Ciel d'avoir un corps sain. » Mais les bien portants ont mille soucis en tête et ne comprennent le prix de la santé que quand ils souffrent à leur tour. De la même manière, il faut en passer par la guerre pour connaître le prix de la paix. Santé-maladie, richesse-pauvreté, paix-guerre, culture-ignorance… ce soir-là, dans la cuisine de la pension Jakić, les biens et les maux me venaient par couples en une longue procession. Pour bien connaître l'un, on devait avoir connu l'autre. Voilà pourquoi il fallait faire une place au mal, qui n'était pas absolument mal, puisqu'il jetait sur le bien une lumière neuve et retrempait notre ardeur à l'aimer. Ces beaux raisonnements, qu'en auraient pensé Mikahila et Déjan ? Je les gardais pour moi, honteux de penser du bien de ce mal dont *eux* avaient souffert. *Dulce bellum inexpertis*, la guerre est douce à ceux qui ne l'ont pas faite. Me faudra-t-il toute ma vie rougir de n'avoir pas vécu ?

Voilà dix jours que nous étions sur la route et j'avais tout oublié de notre engagement initial. « *Toujours prêts* », telle est la devise que nous nous étions choisie (nous disions « *Semper parati* », car en latin c'est plus chic). Cela signifiait : « La Mort peut venir ce soir, elle nous trouvera prêts : nous n'aurons pas honte de nous-mêmes. » Mais je vivais en voyage comme à l'accoutumée, remettant au lendemain la résolution d'être meilleur. Il en allait peut-être autrement avec Xavier, qui priait tous les matins. Ce recueillement était pour lui l'occasion de se rappeler à son idéal. Par contraste, mes activités me paraissaient manquer de grandeur. Il psalmodiait, je me brossais les dents. Ou je suivais la périlleuse ascension d'un brin d'herbe par une coccinelle. Ou je lisais Marc Aurèle (pour forcer un peu le contraste entre « Celui qui croyait au Ciel / Celui qui n'y croyait pas » : les littérateurs en raffolent). Attiré par les stoïciens, je n'étais pas dupe de ma curiosité : la philosophie antique ne serait jamais pour moi qu'un substitut de religion. J'étais sincère pourtant. Mais n'est-ce pas quand on est le plus sincère qu'on se joue le mieux la comédie ? Je les devinais de l'intérieur, ces fanfarons de la vertu, grands sensibles écrasés par la beauté du monde, qui se composent une mine impassible pour se cacher leur trouble.

« *Toujours prêts* »... C'est parce que je ne suis pas prêt, et pas près de l'être, que ma devise est « *Toujours prêt* ». Parlé-je de la mort comme un adolescent, pour me donner de l'importance ? Ma sévérité n'est-elle qu'une farce ? Mon stoïcisme, une rodomontade ? J'aspire à l'idéal et parviens au ridicule. Je me sens comme un ascète gourmand doublé d'un débauché impuissant. Appelons ça un équilibre.

Nous roulions au bord du Danube, vers les Portes de Fer, frontière avec la Roumanie. C'était la veille de Pâques, ce *Samedi de gloire* où les croyants attendent l'aube de la Résurrection. Comme Xavier était aux commandes, il me demanda de lui lire les paroles de la vigile. Je redécouvris la prophétie d'Isaïe, les Dix Plaies d'Égypte, la déroute de Pharaon, le triomphe du peuple aimé de Dieu. Dehors, le crépuscule. Je ne voyais des montagnes que des masses sombres et compactes, dont les sommets se découpaient contre le ciel encore clair. La nuit ne tombait pas ; elle montait de la terre au ciel. Quelques étoiles votives scintillaient. Et si le bonheur n'était pas l'objet d'une quête, mais d'un consentement ? Il n'y avait pour être heureux, ce soir-là, qu'un « oui » à prononcer. Dieu réclamait notre adhésion.

Petroșani, Roumanie

Des forêts roumaines, je retiens l'image d'un sol boueux, creusé de fondrières, tel qu'on le trouve dans les allées du bois de Saint-Cloud à la sortie de l'hiver (voilà pour le dépaysement). Nous avions emprunté une piste défoncée à l'entrée des Carpates. Au bout de quelques heures, notre voiture tomba en rade. La seule habitation visible était une cabane en fond de vallée. Nous y rencontrâmes Dorou et ses enfants, qui venaient tous les week-ends écouter de la techno dans les montagnes blanches. Dorou ranima le moteur de notre 204 et prit le volant. Lui seul connaissait l'issue du labyrinthe. Il ne conduisait pas, il *pilotait*. Si ça n'allait pas vite, encore plus vite, il s'ennuyait. À la place du mort, Xavier était tranquille et blême. Ayant retrouvé une route asphaltée, nous prîmes le relais. « Ne vous arrêtez surtout pas, vous ne seriez pas sûrs de pouvoir redémarrer. » Nous roulâmes pied au plancher, car le condensateur était foutu et le moteur menaçait de s'éteindre. Deux heures plus tard, nous étions à Petroșani, triste cité de béton enfoncée dans la vallée comme un coin dans une bûche. Nous avions coupé le moteur et plongions dans un demi-sommeil, tandis qu'une musique tonitruante nous parvenait d'un camp tzigane. Le lendemain, nous confiâmes la 204 aux mains de Tchiprian, le mécanicien de Petroșani.

Tchiprian avait un corps maigre et voûté, sommé d'une tête minuscule. Sous la peau du visage, on devinait le crâne. Clope au bec, il retroussa ses manches d'un air de dire : « Je suis à mon affaire. » Accorder un carburateur est une question d'oreille. Il s'agit de savoir si le moteur sonne juste. On joue sur les vis de richesse et de ralenti comme un guitariste sur ses clés. Ce qui intéressait Tchiprian, cependant, ce n'était pas la tessiture du moteur, mais sa puissance. Il ne fallait pas seulement qu'une voiture en panne se remette à rouler. Il fallait qu'elle ait « plus de jus ». Imaginez deux enfants, attendant des nouvelles de leur grand-mère à l'hôpital. « Votre grand-mère va bien, dit le rebouteux en s'essuyant les mains, mais elle manque de jus. On travaille sur son cœur. Dans quelques heures, le gentil docteur vous la rendra *surpuissante.* » Nous n'en demandions pas tant. Connaissant mon impatience, Xavier m'avait prévenu : « Il faut faire confiance. » Faut-il faire confiance à un homme qui travaille un carburateur à la perceuse ? Voulait-on vraiment d'une 204 « surpuissante » ? Nous l'aimions avant tout pour sa lenteur. Habitués au voyage à pied, l'invention de l'automobile tenait pour nous du prodige. Il n'était pas rare qu'au terme d'une journée de deux cents bornes, dans le coin de forêt où nous campions, Xavier me dise, les yeux fixés sur les braises : « Deux cents kilomètres en une journée… tu te rends compte ? À pied, il nous aurait fallu… voyons voir… » Et Xavier calculait. Il n'en revenait pas. Qu'un Rafale puisse rallier Paris à Londres en dix minutes, pour Xavier, cela n'était pas normal. Si je lui demandais pourquoi, il me rétorquait simplement : « Un homme ne va pas aussi vite. » Dans un monde où triomphent partout les plus rapides, une disposition fatale l'inclinait à toujours opter pour la lenteur. Du collège à la fac, Xavier finissait rarement ses copies. Répondre à la va-vite, il n'en était pas capable. Xavier pouvait blaguer (il ne s'en privait pas). Il ne savait pas baratiner. Plutôt se taire que parler creux. Cette manie du mot juste l'amenait à construire ses phrases avec une minutie que des interlocuteurs moins consciencieux prenaient pour de la bêtise. Son incapacité à mentir le gênait dans le monde. Parce qu'il parlait peu, on le disait sévère. Parce qu'il ne riait qu'à propos, on le disait sérieux. Il était exact, on le disait pointilleux. Il était intègre, on le trouvait moralisateur. Et moi, son meilleur ami, plus habile pour les mots que pour l'action, je l'aimais, je l'admirais, je voulais lui ressembler. Quand des mondains riaient de lui, je haussais les épaules. Les pauvres… Ils ne pourraient jamais voir que ce dont ils se moquaient chez Xavier était la marque même de l'excellence. Les âmes d'élite sont rarement remarquées du vulgaire, qui écoute plus volontiers les baratineurs et préfère le clinquant à la lumière. La valeur s'épanouit loin du caquetage des salons et des plateaux télé. Elle n'est pas toujours bardée de diplômes et de décorations. Elle ne parle pas d'elle-même ; elle ne se publie pas. Elle ne se cache pas pour autant. Elle est là, généreuse, accessible. La plupart ne la soupçonnent pas et passent sans la connaître. Bon Xavier, j'écris cela et connais à l'avance ta réaction : « Pauvre Sam, tu as encore un accès de littérature ! Tu fais de moi un personnage ! Foutaises ! »

La nature, ironiquement, avait doté Xavier de pieds légers. Cet homme que personne n'avait jamais battu au cent mètres s'entendait dire depuis l'enfance qu'il était trop lent. Pour lui, c'est le monde qui allait trop vite. Bien faire les choses, disait-il, demande du temps. Il me rappelait l'enseignement de mes professeurs de khâgne : pour lire – j'entends lire avec attention –, il faut du temps ; pour comprendre – ce qui s'appelle *comprendre* –, il faut du temps. Nous avions pour la technologie un mélange de fascination et d'horreur. Étions-nous les seuls à sentir tout ce que l'homme y perdait ? Les seuls à y voir un asservissement ? À chaque innovation, on nous répétait : « C'est plus pratique. On s'embête moins. Il y a plus d'avantages que d'inconvénients. » Un homme encombré de son âme, qui aurait le courage atroce de s'en débarrasser, fournirait la même justification. D'abord par insouciance, ensuite par dégoût, enfin par bravade, Xavier et moi négligions les mises à jour. Vieillards de vingt-quatre ans, nous nous en tenions à la 204 et consentions à finir comme elle, au rebut (non sans un dernier baroud).

Tchiprian nous avait rendu une voiture traumatisée. Elle soufflait, toussait, cahotait. Sur la route, nous comptions les kilomètres qui nous séparaient de Bucarest. La Peugeot vivait un calvaire. J'avais dit une fois à Xavier, alors qu'il me reprochait de rouler trop vite : « Les voitures ne sont que des choses. Elles ne sentent pas, ne souffrent pas. On peut les exploiter sans craindre la révolte ou le surmenage… Pas de pitié pour les machines… » C'était pure mauvaise foi. Je parlais à rebours de mes sentiments. Lorsque j'entendais grincer les amortisseurs de la 204, je me figurais toujours qu'elle avait mal aux genoux. Lorsqu'elle roulait sur trois pistons vers Bucarest, j'imaginais un problème de cœur. J'aimais les vues en coupe de la *Revue technique*, parce qu'elles me fournissaient d'évidentes analogies entre les tubulures et les entrailles. Les Anciens décelaient dans la forme d'un laurier le souvenir d'une métamorphose. Ces branches entremêlées, c'étaient des bras implorant le ciel. Ce renflement du tronc, c'était un torse. Les fibres du bois étaient jadis des muscles, et la sève, du sang humain. Je trouvais amusant que cette sympathie des hommes et des êtres, compromise par la modernité, ait trouvé un prolongement inattendu dans le développement de la mécanique. Compatir avec une Peugeot : triste privilège des cartésiens. Je remarquai cependant que cette sympathie n'était plus possible avec des véhicules récents, dont les rouages demeuraient impénétrables aux néophytes. Et puis, il y avait les gadgets… Comment compatir avec une machine à laver ? Ce don, je crois, n'est réservé qu'à de rares individus. C'était là une autre raison de chérir les vieilles autos : elles nous rappelaient un temps où l'homme pouvait encore *sentir* ses inventions.

La 204 tomba en syncope à deux cents bornes de Bucarest. Nous avions trop exigé d'elle, pauvre carne. Elle roula un moment sur son erre puis vint s'échouer au bord d'un champ de betteraves. Il s'agissait de trouver un téléphone (car nous voyagions sans portable). Dans cette plaine triste, qui tirait à elle tout le gris du ciel, il n'y avait guère que deux habitations. Nous toquâmes au hasard. La porte s'ouvrit sur une courette de terre battue où se chamaillait à grands coups d'ailes une volaille tapageuse. Une vieille dame aux lèvres rentrées nous écouta avec attention, puis haussa les épaules. Sans doute possible, cela signifiait : « J'comprends rien. » C'est alors que nous rencontrâmes Théophile, le voisin d'en face.

Le passage de deux Français à dix heures du soir dans ce coin retiré de Valachie n'avait rien d'un événement ordinaire. Théophile n'en croyait pas ses yeux. Il nous prit par les épaules, incrédule, et nous guida chez lui. C'était une austère bâtisse de béton non revêtu, entourée d'un jardinet où traînaient une pagaille d'outils, un sac de ciment éventré, quelques parpaings. L'ensemble donnait l'impression d'un chantier ajourné depuis des lustres. La maison était à la fois neuve et vétuste. On pouvait aussi bien la croire en pleine construction qu'en instance d'effondrement. Nous avions traversé suffisamment de villages pour savoir que la finition est ici toujours remise aux calendes. En Roumanie comme en Russie, « provisoire » et « permanent » sont à peu près synonymes. On ne fignole pas, on rafistole. Le temps ne se mesure pas au chronomètre. Si l'on vous dit « *imediat* », c'est-à-dire « tout de suite », vous pouvez attendre la journée. Les priorités ne sont pas les mêmes. On sacrifie un bien-être élémentaire à l'achat d'un portable dernier cri. On se procure à crédit une voiture rutilante, en sachant que cela condamne toute une famille à habiter un gourbi misérable. Chez Théophile, quelques ampoules diffusaient une lumière d'hôpital. Le carrelage était immaculé. Dans ce foyer-bunker épuré du superflu, un canapé aux couleurs criardes, planté en face d'un minuscule poste de télévision, était bien l'unique concession aux exigences du confort moderne. Théophile nous fit asseoir, et traîna depuis la cuisine un jerrican rempli aux trois quarts d'une vinasse pisseuse et sucrée. Deux Français en panne, il fallait fêter ça. Car Théophile aimait la France comme tant de Roumains. Grandis par son attente, nous n'étions plus de vulgaires vagabonds, mais des ambassadeurs. Xavier en avait conscience dès le début du voyage. N'avait-il pas garé la voiture quelques kilomètres avant le Rhin, pour se raser, enfiler une chemise, « se rendre présentable » ? J'avais imité mon ami, en cela comme en tant d'autres choses.

Théophile n'avait rien retenu de ses lointains cours de français, mais il y avait un nom qu'il n'était pas près d'oublier : *Napoléône*. Cet ingénieur à la retraite, qui avait passé sa vie à forer des tunnels dans les Carpates, nous fit une leçon d'histoire de France. Un certain général, héros de Verdun, avait sauvé la Roumanie. « Comment ! vous ne savez pas ?! » Non, nous ne savions pas. « *Berthelot* ? Vous ne connaissez pas *Berthelot* ! » Nous ne connaissions pas Berthelot. Fallait-il lui expliquer que notre pays avait honte de lui-même et prenait plaisir à se gratter la conscience, comme un enfant gratte ses croûtes ? Il valait mieux trinquer à la santé de Berthelot, *Napoléône*, Jeanne d'Arc et les autres ; à leur gloire éternelle, car pour Théophile, il était évident que la gloire était un capital inépuisable. La France, ce n'était pas des chiffres et des diagrammes, mais un faisceau de valeurs universelles, quelque chose comme un foyer spirituel. Je me rappelai la devise de Victor Chapman, aviateur américain de l'escadrille Lafayette, que Xavier avait relevée à Douaumont : « *Mon corps à la terre, mon âme à Dieu, mon cœur à la France.* » Quelle avait été la valeur de mon pays pour inspirer un si grand amour ? Il se passa peut-être deux heures avant l'arrivée de la remorqueuse. Le vin coula. Au moment de se quitter, Théophile pleurait. Il nous serra dans les bras, mais ce n'était pas nous qu'il embrassait ; c'était, à travers nous, cette France qu'il n'avait jamais foulée et qu'il connaissait par le cœur. Théophile ! patriote exilé d'un pays qui ne mérite plus ton admiration, tes larmes me touchent encore à deux ans de distance. Faut-il rouler jusqu'en Valachie pour retrouver foi dans la France ?

Istanbul

Arrivés à un croisement, nous demandâmes la route d'Istanbul. Un jeune motard au teint bistre pointa son doigt dans les huit directions de la rose des vents, répétant à chaque quart : « Istanbul... Istanbul... Istanbul... » Le mot « Istanbul » signifie à la lettre : « *vers la ville* ». Ce jeune homme disait donc : « Vous n'y couperez pas. » À Kirklareli, derrière la frontière bulgare, nous avions arpenté les stations-service à la recherche d'une carte routière. Nous ne savions pas que toutes les routes, et jusqu'à la piste de terre, mènent à la Rome byzantine. Il n'y avait qu'à se laisser rouler. Jamais arriver dans une mégalopole ne m'a donné, comme à Istanbul, cette impression d'*aspiration*. Le noyau de la cité vous aimante, accroissant à chaque borne sa force d'attraction. À soixante kilomètres, la crénelure des immeubles apparaît. On peut encore se dégager. À cinquante, on aborde les premiers orbes du maelström urbain. À quarante, on est fait. La route en rejoint une autre, plus large, qui en rejoint une autre, plus large encore. La 204 s'amenuise brusquement. Elle n'est plus qu'une souris égarée sur les pistes d'un champ de courses. Ses proportions anachroniques renvoient à un autre monde, sans commune mesure, où les villes étaient encore à taille humaine. Le gigantisme d'Istanbul n'impressionne pas, il écrase.

Pas un virage, c'est tout droit. À dire vrai, nous ne conduisons plus, nous nous laissons conduire. La vue qui s'offre à nous n'est pas un paysage. Quand je dis « paysage », je vois des arbres. Dans le mot « pays », j'entends « terre ». Ici, pas de terre. J'ai sous les yeux une chape hérissée de pylônes, des buildings multicolores qui paraîtront toujours gris, des milliers de réverbères, un ciel barré de lignes. Depuis l'*otoban*, j'éprouve une déception tenace, écœurante comme le cafard : cette mobilisation colossale n'a abouti qu'à ce piètre brouillon de ville. La marque de l'homme est omniprésente, mais où est l'homme ? Je ne le vois pas. Il est toujours à l'intérieur d'une voiture, d'un bus, d'un immeuble, d'une boutique, comme s'il n'était qu'un fabricateur de boîtes et de cubes, comme si le souci latent de son industrie était de se barricader. La nature n'est plus le cadre dans lequel il vit et grandit, mais cet *outdoor* vanté par la publicité, où l'on ne s'aventure qu'équipé.

Je remarque des grues, des tractopelles, des camions-citernes. Cela fait mille cinq cents ans que les travaux sont en cours. Y a-t-il un point de rupture ? La termitière s'écroulera-t-elle sous son propre poids ? On s'amuse de l'affairement des fourmis. Depuis le ciel, sommes-nous sûrs d'offrir un autre spectacle ? Cette noria de véhicules me frappe comme l'image même de l'obéissance. Sur la route d'Istanbul, l'instinct est palpable comme un pouls. La cité pompe sans relâche le désir des hommes. Si du moins nous arrivions à pied, les écarts du parcours signaleraient un faux-semblant de liberté. On dévierait du chemin pour boire un café, goûter un rayon de soleil, faire ses lacets, que sais-je encore… Mais je ne vois ici que des voitures, roulant au même rythme, animées du même principe. On ne va pas à Istanbul. On s'y *rue.*

L'impression d'être un veau humain devait se confirmer à Kadiköy, sur la rive asiatique. Il y a là une rue-auge, envahie par les tables et puant la graille. Ici, on ne dîne pas, on *bouffe*. D'où vient-elle, cette quantité extraordinaire de viande ingurgitée à chaque instant ? De quel poulet cette cuisse a-t-elle été la cuisse ? Nos mâchoires en auront-elles jamais fini de mastiquer, nos estomacs de digérer, nos culs de déféquer ? Et dans quelle mer iront-ils se jeter, nos centaines de millions d'étrons ? La Ville : hideuse goinfrerie.

Chaîne Pontique

Nous traquions les petites routes. Il ne nous dérangeait pas d'atteindre en deux jours un village qu'un GPS, inapte à la flânerie, nous aurait fait rejoindre en une après-midi. Il ne s'agissait pas d'aller vite, mais de se perdre. L'errance n'est pas chose facile, il faut y mettre du sien. Un moment d'inattention, et nous revoilà sur une voie à l'asphalte impeccable, qui nous mène sans surprise à la prochaine métropole. Jamais l'insouciance n'avait exigé autant de ténacité. Sur la chaîne Pontique, nous demandions le chemin à des paysans incrédules. « *Alanköy ariyorum*... Nous cherchons Alanköy... » Avant d'obtenir une direction, il fallait affronter les questions d'usage auxquelles nos connaissances en turc, plus que sommaires, ne nous permettaient pas de répondre. « Qu'est-ce que vous allez foutre à Alanköy, y a rien là-bas... Vous êtes d'où ? de France ?! Venez donc boire un thé... Pas mal, votre bagnole. De quelle année ? » Le ton n'était pas méfiant. Au bout d'une dizaine de minutes, un geste de la main nous indiquait vaguement un cap. Nous découvrions alors des montagnes délavées, plus âpres, plus austères que nos chères Pyrénées. La variété des couleurs m'enchantait. Telle bosse, lisse comme le dos de la main, était charbonneuse et grasse comme mine de crayon. Telle autre, grenue comme la poudre, semblait prête à se déliter au prochain coup de vent. Telle autre encore, à moitié effondrée, offrait une vue en coupe d'un millefeuille de strates sédimentées, échelonnant toute une gamme de couleurs chaudes, marron jaunâtre de tabac, gorge-de-pigeon, rouge vif de viande à l'étal. Un arbre étique s'arrimait à cette falaise, comme par miracle.

Mais à quoi bon décrire ? Je suis saisi par la vanité de mon effort. Vanité dans un double sens, d'ailleurs, car mes descriptions tiennent du premier prix de composition. À vingt-cinq ans, en suis-je encore à chercher les bons points ? Relisant mes carnets, je tombe sur le passage suivant : « Cols fermés par de grandes herses de pluie. Odeur du bitume mouillé, *bla-bla-bla…* » « Que lisez-vous, Seigneur ? » demande Polonius. Des mots, des mots, des mots… Ce *bla-bla-bla* en milieu de phrase, c'est le « *Words, words, words* » de Hamlet, et tout son écœurement, et toute sa lassitude. Le babil des écrivains le dégoûte. Il sait bien que le seul langage digne d'admiration est celui des actes. Je jalousais la concision de mon cousin. Son journal avait la sécheresse d'un rapport d'officier. « Aujourd'hui, orage. Prochaine vidange : 1 500 kilomètres. » Aucun baratin. Xavier était idéaliste, il n'était pas rêveur. Il ne perdait jamais de vue le réel. Quand un aventurier faisait le récit de ses exploits, il écoutait avec attention car il aimait les fables, mais il savait à quoi s'en tenir. Un écrivain, il l'appréciait pour sa sagesse, c'est-à-dire pour sa connaissance et son amour de la réalité. Xavier ne goûtait pas cette littérature de faussaire, plus soucieuse de vraisemblable que de vérité, qui fait passer la fiction pour le réel. Il aimait Tolstoï, car ses livres étaient la vie même, dans son simple écoulement. Xavier me complétait. Il corrigeait mon penchant pour la rêverie. Il me ramenait sur terre. Il dégonflait mes prétentions, frappait de ridicule mes grandes déclarations. Il m'apprenait à me méfier des écrivains sans scrupule, qui ne savent pas résister à l'attrait d'un bon mot, et que leur seul talent me faisait admirer. Il me rappelait que *bien écrire*, ce n'est pas soigner de jolies phrases, c'est allier le souci de la vérité à l'inspiration. Je comparais parfois notre amitié à celle d'Ulysse et d'Ajax (toutes proportions gardées). Ulysse, rusé, beau parleur, multiple, fourbe, subtil, ouvert à toutes les vérités, qui se camoufle et convainc. Ajax, guerrier au grand cœur, fort, colérique, toujours au premier rang, méprisant les parleries, un peu bête. Lorsque Ajax doit convaincre les Achéens que c'est à lui, et non à Ulysse, que reviennent les armes d'Achille, il a cette phrase : « *Moi, je ne sais pas parler. Lui, il ne sait pas agir.* » Mais les hommes se laissent séduire par le miel des discours, et les armes du plus glorieux des héros échoient injustement à celui qui manie mieux les mots que la lance. Sans doute faut-il de tout pour faire un monde, et il est bon que des caractères opposés se tempèrent l'un l'autre. Mais mon drame était de vouloir être Ajax, en me sentant de la famille d'Ulysse. Bavard dédaigneux des mots, je méprise les fanfarons et admire ceux qui se sacrifient dans le silence. Voilà pourquoi j'aimais Xavier comme un autre moi-même. Si mes misérables mots pouvaient servir à quelque chose, je voulais que ce fût à faire connaître les grands hommes et à inspirer le désir de les imiter. C'était cela, mon *action* de bavard repenti.

Qu'y puis-je, après tout, si la découverte du terme « stéatopyge » m'apportait une joie profonde ? Il entrait dans ma nature de flâner, de lire et d'écrire : tout le reste est contrainte. Voyageur lexicomane, je ne me séparais jamais de mon *Littré* de poche. L'exploration qu'il n'était plus possible de vivre sur une Terre survolée de satellites, je la menais dans le maquis du dictionnaire – car c'est le monde même que je découvre, en apprenant à le nommer. J'étais l'oiseleur égaré dans les franges d'une jungle méconnue – ma langue –, traquant chaque jour des espèces rares. C'est ainsi qu'arrivé sur les bords de l'Euphrate, je m'écriai : « Regarde ce que je nous ai dégotté, mon bon Xavier ! » Quoi donc ? Avais-je aperçu le fuseau d'un minaret seldjoukide, jaillissant d'un taillis comme le doigt d'un élève à l'appel ? Était-ce un marchand de pain aux mains calleuses, poussant son chariot de *simits* ? Fi du pittoresque et des formules de Baedeker ! J'avais découvert le mot « ergastule ».

Ce va-et-vient entre les mots et les choses, l'imaginaire et la réalité, un épisode devait en rendre compte quelques centaines de kilomètres plus loin. À court de lecture, Xavier avait tiré *Le Comte de Monte-Cristo* dans notre bibliothèque ambulante. Un an plus tôt, je l'avais vu dévorer la saga des *Trois Mousquetaires* à un rythme déraisonnable. Pendant des mois, il n'avait plus été question que d'Athos, Porthos et Aramis. Comment oublier cette après-midi où il m'avait rejoint dans un bistrot du Luxembourg, la mine grave ? Une peine de cœur ? Non, « Porthos est mort… ». L'affaire était sérieuse, car si Porthos était imaginaire, l'amitié de Xavier pour Porthos, elle, était bien réelle. Ainsi, quand Xavier fit la connaissance d'Edmond Dantès, je savais ce qui me pendait au nez. Une fois de plus, Dumas me volait mon copain. Plusieurs fois par jour, Xavier m'abandonnait. Même lorsqu'il ne lisait pas, je voyais bien qu'il était ailleurs, ravi dans ce monde créé par Dumas auquel la lecture seule donnait accès. Xavier ne savait pas *garder pour lui* (qu'est-ce qu'une joie qu'on ne communique pas ?). Reprenant la route vers Gori, je compris qu'il fallait lui poser une question : « Bon… il en est où, Edmond Dantès ? » Le récit dura cinq heures. De cette journée en Géorgie, je ne retiens qu'une sieste comateuse, à Gori. Des enfants ébahis, suspendant leurs doigts à la clôture losangée de leur école, épiaient les flibustiers qui s'étaient échoués là, pieds nus, ronflant de tout cœur à l'ombre d'un tilleul. Pour le reste, j'ai peu de souvenirs. Staline au sourire paterne, qui valut à l'humanité tant de morts, et à Gori, tant de touristes, je l'avais oublié. Étions-nous vraiment en Géorgie ? Magie de la lecture : nous étions au château d'If à trois mille kilomètres de distance. Nous ne vivions plus un voyage ordinaire, mais une épopée dont je me promettais de faire un jour le récit rocambolesque. N'avions-nous pas rencontré Soliko l'avant-veille, un véritable pirate, qui nous avait fait boire son tord-boyaux jusqu'à l'amnésie ? N'avions-nous pas dormi dans les montagnes du Caucase, sous un ciel chargé d'étoiles à vous donner le tournis ? Nous étions *sous* littérature, comme d'autres sont sous Xanax. Où était la vérité du voyage ? Était-elle dans cette teinte de rêve que Dumas projetait sur la vie, et qui, à la façon d'un calque, gommait les impuretés de l'aventure pour n'en laisser paraître que les couleurs que nous voulions y voir ? Ou se trouvait-elle dans cette réalité nue qu'un quotidien sans surprise opposait à nos espérances ? Sans appoint de littérature, nous trouvions l'ennui là où nous cherchions l'aventure, la mascarade touristique où nous attendions l'exotisme. Et sans musique le voyage serait une errance. Quand il était évident qu'il ne se passait rien, on appelait Ennio Morricone à la rescousse. Ses mélodies aidant, *on s'y croyait* : le monde à nouveau s'accordait à nos fantasmes.

Ainsi nous allions, voyageurs détrompés, ballottés entre les mots et les choses, trouvant une piètre consolation dans un imaginaire dont nous ne pouvions plus être dupes.

Soliko

Le visage de Soliko déjà s'efface dans ma mémoire. Le temps fait vite son œuvre de mort. Je gribouille à la hâte quelques lignes pour reculer l'inexorable oubli.

Nous avions franchi la frontière et roulions au petit bonheur sur les collines crépues qui cernent Batoumi. Xavier tournait à droite, à gauche, avec l'assurance de celui qui a perdu tout espoir d'arriver quelque part. De guerre lasse, on trouva un coin tranquille pour passer la nuit. L'obscurité était complète mais à travers l'entrelacs des branches, on distinguait une fenêtre où brillait une conscience. Nous faisions notre popote quand on vit venir un homme d'une quarantaine d'années, presque chauve, avec une gueule de cocker fatigué. Il nous demanda ce qu'on faisait là, sans hostilité. On lui expliqua en Dieu sait quelle langue que nous étions des voyageurs égarés. Il nous proposa de dormir chez lui, simplement, comme on tend de l'eau à qui a soif.

Soliko vivait avec Nounou, sa mère. Notre arrivée ne la surprit pas : nous étions attendus. Elle nous prit par la main (ô tendresse !), nous installa sur une banquette et nous fit comprendre qu'elle allait cuisiner quelque chose. Au fond de la pièce, une télévision. Le son était coupé, comme pour mieux souligner la vacuité du propos. Pourtant, je regardais. Les journalistes sont des maîtres crémiers. Ils barattent si bien le néant qu'ils finissent toujours par en tirer un dégoulis à peu près mangeable. Nous avions avec nous un manuel de russe, que Xavier compulsait dans tous les sens. Mais dans ces situations, on se fait chien. On est attentif à la voix, au ton, aux gestes, aux expressions du visage et des yeux, à tout ce que *dégage* une présence. Et puis, l'alcool enseigne une langue universelle. La grammaire en est souple, intuitive. Il n'y a pour ainsi dire pas de conjugaison. Soliko nous proposa de la *tchatcha*, à moins que ce ne fût le *samogon* que nous devions goûter bien souvent en Russie. La gnôle était servie dans des verres à eau, car ici importe surtout la quantité d'alcool, c'est-à-dire la qualité de l'ivresse. Nous buvions à pleine bouche cette solution limpide qui fait voir trouble, et où se concilient le feu de l'éthyle et la pureté de l'eau. Bien vite la joie coula dans nos veines. De quoi parlions-nous ? De la beauté des Parisiennes, de la qualité de notre pain, de la médiocrité de nos dirigeants. Il n'y avait pas de débat, nous tombions d'accord. Vraiment, nous étions faits pour nous entendre. La Maman nous servit des ravioles. Elle ne buvait pas. Elle devait se lever de bonne heure le lendemain. Son fils eut une moue de sympathie qui voulait dire : « La pauvre, elle travaille. »

Soliko était un buveur de première classe. Il était saoul avec naturel. Je perdais pied, lui restait ferme : quand le navire tangue, le capitaine tangue avec lui, mais ne se laissera jamais choir sur son cul. Chaque gorgée nous enfonçait un peu plus mollement dans le boudoir de l'ivresse. On parlait de tout très bien. Bientôt, Soliko nous fit découvrir la polyphonie géorgienne, qui vaut bien les *paghjelle* corses. Ferveur, passion, solitude : tout le tragique de notre vie exprimé en quelques déchirantes modulations. Perdant toute retenue, je me mis à pleurer comme une vache (pourquoi toujours retenir ses larmes ?). Soliko me raconta ses peines de cœur. Il avait travaillé toute sa vie en Russie, en était revenu avec l'intention de fonder une famille. Il ne connaissait plus grand monde. Les jolies filles étaient mariées depuis longtemps. Les copains avaient déjà une tapée d'enfants. Grand dadais de fils, il vivait seul avec sa mère. Il me parut tout naturel de lui promettre ma sœur en mariage.

Mon souvenir de la soirée est maculé de grandes taches noires, comme un miroir piqué. Tout bascula quand Soliko annonça que nous étions à court de *samogon*. Je me portai volontaire pour aller chercher du calvados dans le coffre de la 204. L'opération n'allait pas sans risque. Tant qu'on est assis, on ne sait jamais à quel point on est ivre. C'est debout qu'on mesure l'étendue des dégâts. « Xavier, la voiture, c'est tout droit, hein ?
– Oui, fais un azimut… » Je mis quelque temps à me chausser. Les lacets me parurent une de ces inventions

idiotes par lesquelles l'homme trahit son inexplicable volonté de compliquer les choses. Je sortis de la maison avec la ferme intention de ne pas zigzaguer – y parvins plus ou moins. Sur mon parcours, je levai le nez vers le ciel. J'eus alors un de ces courts moments de calme et d'émerveillement dont il est si agréable de ponctuer ses ivresses. Comment avais-je fait, sacré bon Dieu, pour vivre si longtemps sans étoiles ? Un avion passa à faible altitude. Les voyageurs ne pouvaient pas deviner que sous leurs fesses avait lieu une nouba mémorable. Ils ne connaissaient rien de Soliko ni de sa mère Nounou. Les pauvres vieux, ils ne savent pas ce qu'ils ratent.

Le calvados nous précipita dans les limbes. Soliko répétait à chaque resucée : « Il faut finir. » Autant cet ordre est absurde lorsqu'il s'agit d'un plat, autant il coule de source pour une bouteille de calvados, puisque celui-ci rend de plus en plus gai.

Xavier et moi partions du principe que les gens sont bons. Dans tous les villages, nous savions qu'il se trouverait toujours un gars comme Soliko, une femme comme Nounou (de ces femmes qu'on n'ose pas appeler « maman », et qui pourtant seraient toutes prêtes à vous appeler « mon fils »). Le lendemain matin, comme de juste, je jurai sur tous les saints d'arrêter de boire. Je ne pouvais pas savoir que, le soir même, un ancien chauffeur de bus nommé Igan, chez qui nous avions fait escale pour consulter nos mails, sortirait des verres avec la généreuse intention de nous saouler la gueule. Il nous servit un de ces vins fruités qu'on ne trouve pas en grande surface, très « nature », et qu'on boit à toutes petites gorgées en serrant les dents. Le jerrican était de cinq litres. « Il faut finir. » Vous connaissez la suite. Quand il faut, que voulez-vous, il faut.

Caspienne

Du port de Bakou, on ne voit pas la mer. C'est un vaste parking ceint de barbelés, où une trentaine de camionneurs attendent l'embarquement dans le vrombissement des moteurs et la puanteur des gaz d'échappement. Azéris, Ukrainiens, Kazakhs, Russes font leur tambouille à l'ombre des conteneurs. On entend une chanteuse turque à la radio, le délire improvisé d'un accordéoniste roumain. On tente quelques mots de sympathie : la conversation ne va pas loin. Elle est plus gaie avec quelques motards français, voyageurs comme nous, coreligionnaires du mouvement. Des montagnes barrent l'horizon à l'ouest. On est écrasé par un ciel triste, décoloré par l'excès de lumière. Le bac qui traverse la Caspienne ne part pas à heure fixe. À nos questions pressantes, les douaniers opposent une réponse évasive et entretiennent complaisamment un climat d'imminence : « Peut-être cette après-midi… ou demain matin… ce n'est pas sûr… » On attend une après-midi, une nuit, une matinée, et les jours filent dans l'espérance d'un départ vingt fois reconduit. On n'ose pas quitter les lieux de peur de rater l'embarquement, et tout ce temps perdu, on s'accuse malgré tout de ne pas le passer ailleurs. Après une énième partie d'échecs, la question se pose : qu'attendons-nous exactement ? On répond :

« L'embarquement », mais le cœur n'y est plus. On réalise qu'on attend comme on vit, *comme ça*. L'espoir tourne à vide.

Sur le ferry, un camionneur ouzbek me fait défiler le diaporama de ses conquêtes féminines (bien éduqué, on sourit niaisement). Un aventurier professionnel de dix-neuf ans, à l'haleine abominable, m'explique sur un ton confidentiel qu'« il est essentiel de s'ouvrir au monde » (on en convient). Un cycliste irlandais aux cuisses démocratiques me demande le détail de mon alimentation (on répond « vodka » : quel humour…). Plus que le roulis, ce jaspinage me donne la nausée. Après avoir moisi dans l'attente du départ, on moisit dans l'attente de l'arrivée. L'arrivée, parlons-en. Dès le débarqué, il faut affronter la bêtise des chefaillons de la douane, homoncules bedonnants aux visages fermés, toujours enclins à se donner de grands airs en uniforme, barricadés derrière leurs guichets, méfiants par principe et par plaisir, comme leurs chiens, ravis d'en imposer avec leur mitraillette et leurs rangers – attributs d'une virilité de pacotille. On craint qu'ils n'ouvrent le coffre et ne découvrent l'arc, les flèches, la lampe-tempête, le ballon de foot, la hachette, la ligne de funambule, le chandelier, l'harmonica, la *tchatcha* et les livres – symboles d'un esprit d'enfance que dix ans de loyaux services derrière un écran les ont mis hors d'état de comprendre. Après l'épreuve de la douane, nous arrivons enfin à Aktau, où un essaim de jeunes Kazakhs nous mendient des *selfies* jusqu'à quatre heures du matin. Avons-nous vraiment voulu cela ? Bientôt, nous attendrons la frontière russe. Passé la frontière, nous attendrons l'Oural, puis le Baïkal,

Vladivostok, le Japon… « Ainsi nous ne vivons jamais, mais nous espérons de vivre… »

La steppe

D'Aktau à Atyraou, et plus loin vers le nord, un axe tracé à la règle traverse une plaine uniforme, où vermille çà et là un troupeau de derricks. De place en place, une villette en béton, d'une laideur désolante, n'offre pas d'autre plaisir au voyageur que celui de la quitter. L'essence est bon marché. C'est que le mouvement, dans ce désert d'ennui, est aussi vital que l'eau, et savoureux comme elle. Des colonnes de poussières tourbillonnent à l'aveugle sur cette terre étale. Un chameau loqueteux erre au bord de la route. Xavier prend une photo : ça y est, nous avons vu des chameaux. Nous allons tout droit, toujours tout droit.

Le paysage est plat. Insensiblement, pourtant, on s'enfonce. Les reliefs sont ici moulés en creux. En géographie, on parle de *dépression* touranienne. Ceux qui y vivent, en effet, sont au plus bas. Tout inspire le désir d'aller voir ailleurs. « Tout », c'est beaucoup dire, car à dire vrai il n'y a pas grand-chose. Quand on dit « rien », on a tout dit de cette terre d'exode, qu'on traverse sans jamais explorer, car il n'y a rien à découvrir. Ce qu'il s'y trouve à voir est embrassé d'un coup d'œil, comme à l'entrée d'une mosquée. Les Huns sont passés là en coup de vent, « ivres d'espace », disent les littérateurs. Mais cette steppe n'enivre pas, elle dégrise, et tourne en dérision le désir de conquête, car ici ou là c'est toujours le même vide – celui de la steppe et puis le nôtre. La steppe est ample, d'une ampleur qui ne libère pas mais enferme. L'infini, c'est encore trop exigu. Il faut bouger sans quoi l'espace vous ratatine : c'est l'histoire même de la Russie, pays claustrophobe, toujours à l'étroit dans son immensité. Cette plaine épurée, sans mystère, où rien ne charme l'œil, déniaise brusquement le voyageur. Elle lui dit : « Le voyage est une conquête du néant, une frivolité acquise par excès de profondeur, une mise en branle absurde et nécessaire. » La steppe, vision du vide. « Circulez, il y a Rien à voir. » Mais il faut voir ce Rien. Il achève de nous convaincre qu'on est libre de circuler dans le monde comme le prisonnier dans sa geôle.

Le communisme fut ici comme partout une malédiction, car il fixa un peuple sur une terre qu'il avait coutume de parcourir en nomade. Drôle de situation : ce sont les Occidentaux déracinés qui se piquent de nomadisme, et les nomades sédentarisés qu'on vient visiter à demeure. Tout est factice : d'un côté, des faux nomades ; de l'autre, de faux sédentaires. Rien n'est plus triste, à Almaly, que cette yourte-restaurant isolée parmi des maisons en béton, misérable attrape-voyageurs, souvenir artificiel de temps plus durs, sans doute, mais plus libres, où l'on pouvait encore *décamper*. À l'heure du tourisme, on ne décampe pas, et le Kazakhstan, qui signifie littéralement « Terre des vagabonds », ne porte plus son nom que par dérision. La yourte ne bougera pas plus que les maisons de béton (saurait-on seulement la remonter ?). Pour se distraire, il y a le smartphone et la télévision, pourvoyeurs de rêves *made in Occident*. Internet est tout. La « vraie vie » est virtuelle (je pense à la réaction de deux Russes à qui nous disions que nous n'avions pas Facebook : « Comment faites-vous pour vivre ? » La presse, les réseaux sociaux, la musique et les films les font vivre dans un univers de fictions, qui est pour eux toute la réalité). La conséquence en est affligeante, car les jeunes Kazakhs croisés sur la route attendent tout de l'Amérique et n'ont que dédain pour leur propre origine. Le cinéma et la publicité nous désignent à leurs yeux comme ceux qu'il faut envier, et de fait tous nous envient, mais jamais pour les bonnes raisons. Les beautés de notre civilisation, par nous-mêmes oubliées, ne leur sont d'aucune séduction. Ce qu'ils veulent, c'est ce mode de vie pléthorique dont nous aspirons à sortir.

À chaque station-service, nous subissions le même assaut. Comme la pauvre Io, les hommes-taons nous taraudent. On nous arrache quelques photos, avec sourires factices et tapes sur l'épaule. Je regardais les chiffres défiler sur le compteur de la pompe, impatient que le réservoir fût plein pour enfin foutre le camp. J'aurais voulu, comme Ulysse, qu'Athéna me dissimulât sous une nuée. Ô route ! mon unique refuge ! Nos pneus, usés jusqu'à la corde, subissaient d'innombrables crevaisons. Sur le bas-côté, c'était à chaque fois le même rituel, accompli avec un mélange de calme et d'inquiétude. Car il suffit d'une panne pour que la plaine se montre sous son vrai jour. Les grands espaces n'ont rien de rasséréNant. Ils ne sont beaux qu'en mouvement, quand on a l'assurance de les quitter bientôt. Immobiles, ils *accablent.* L'ennui, comme un pollen en suspension, se dépose lentement sur la peau. Il faut se frotter au vent de la route de crainte qu'il ne s'y fixe.

Sur la route, les poteaux électriques battent la mesure du mouvement. Un poteau, deux poteaux, trois, quatre… on ne compte pas les « tac, tac, tac » du métronome. Le feston de la ligne se déroule mille fois en une même séquence hypnotique. Avons-nous vraiment avancé ? « *Blaise, dis, sommes-nous bien loin de Montmartre ?* » Dans les vieux films, les acteurs en studio, mains au volant, prétendent conduire, laissant défiler derrière eux un décor de convention. Les spectateurs savent qu'ils font du *surplace*, mais ils acceptent de se laisser duper. De la même manière, j'avance et n'en suis pas plus avancé. Je consens à la duperie du voyage. Joie superficielle, mais joie !

Le soir, nous nous enfoncions dans la steppe et dînions d'un bout de pain imbibé de *tchatcha*. Nous convoquions d'un toast Edmond Dantès, Cyrano, toute l'agora des copains imaginaires. J'ai souvenir d'un fou rire qui nous secoua au flanc de la 204 dans la fatigue de l'après-route, tandis qu'à l'horizon le ciel se zébrait d'éclairs. Comment expliquer à ceux qui nous demandent « notre plus beau souvenir de voyage » que nos plus beaux souvenirs sont toujours de cet ordre ? Ils demandent du sensationnel. On se fouille les poches et on ne trouve que la menue monnaie des joies ordinaires. On craint de les décevoir. Et pourtant, c'est bien cela : ce rire qui vous tire les larmes au milieu du désert, cette amitié indéfectible, cette soudaine joie de vivre, cet orage furieux qui court à votre rencontre – oui, c'est bien cela dont on se souvient.

Samara, Russie

Après avoir fui les villes pour les bois, nous fuyions les bois pour les villes. Passé le cinquantième parallèle nord, on ne peut plus attendre de la nature les plaisirs qu'elle prodigue en France, et s'il existe un mot qu'on aurait bien du mal à rendre en russe, c'est *bucolique*. Infestées de moustiques et de taons, les forêts de Sibérie n'ont rien d'amène. Ce qui est vrai en deçà de l'Oural est faux au-delà, et le mot « *liès* » ne se réfère pas au même sens que le mot « forêt ». Il en va de même pour « route », « nature », « village »… tout prend brusquement un autre sens. Certains sportifs quittent la France à pied ou à bicyclette, habitués au luxe des sentiers et des départementales asphaltées. Ils tombent sur des forêts hostiles, un climat désagréable, des routes jonchées de détritus. Ce contraste leur fait l'effet d'une gifle. Ils réalisent qu'ils sont victimes d'un quiproquo et que l'exotisme repose sur un malentendu. L'épreuve qu'ils cherchaient dans le dépassement physique, ils la trouvent bien plutôt dans le spectacle démoralisant d'un monde pollué et bruyant.

Demander la beauté aux villes russes est hors de propos. C'est demander ce qu'elles ne peuvent donner. Les exigences esthétiques qui ont tout leur sens en Europe deviennent un obstacle lorsqu'on cherche à apprécier une ville aussi laide que Novossibirsk. Un voyageur européen apprend vite qu'il doit changer de registre s'il ne veut pas s'aigrir. Les villes de Sibérie sont affreuses et se ressemblent toutes. Le béton fait sur l'âme son petit effet, qui est de la mettre en berne. Ce qui fait la beauté des villes, ici, ce sont les êtres. Chacune des stations du *trakt* nous fournissait sa moisson de témoignages. Nous savions de la langue russe le peu qu'il faut en savoir pour demander son chemin. Sur ce point, les Alliances françaises nous apportèrent une aide précieuse. Nous ne connaissions rien de ces ambassades chaleureuses qui font tant pour le rayonnement de la France. C'est à Samara, désespérés de trouver des pneus de rechange, que nous fîmes la connaissance de Marc, professeur de français, qui accepta de nous servir d'interprète et nous conseilla de solliciter les Alliances.

Marc n'avait pas choisi de vivre à Samara. Il n'avait rien choisi du tout, pas même son métier. La vie l'avait déposé à vingt ans dans cette ville qu'il aurait été bien en peine de situer sur une carte. Sa formation d'ingénieur comprenait un stage à l'étranger. Les mieux notés de la promotion partaient en Californie. Les autres maquillaient leur résignation en enthousiasme et se faisaient un Eldorado d'une destination imposée par le classement. Pour Marc, élève sans ambition et sans passion, ce fut la Russie. Arrivé à Moscou, il apprit que son stage était annulé. Des complications de visa, une amourette avec une Russe, un enfant… le voilà coincé. Rien ne l'avait appelé à Samara. Pas même ce vague attrait pour l'« âme slave » qu'inspire parfois, à l'adolescence, la lecture de Dostoïevski. Il n'avait jamais voulu habiter en Russie, pas plus qu'il n'avait voulu enseigner le français. Avait-il vraiment voulu entrer dans une école d'ingénieurs ? Avait-il voulu fonder une famille ? Marc n'avait été en rien de ce qu'il avait fait. De bout en bout, il avait suivi. « Ça s'est trouvé comme ça », disait-il. Pour autant, il ne subissait pas. Comme professeur, il s'appliquait. Il aimait son métier et ses élèves l'aimaient. Il était jovial, généreux. Quand je lui demandais s'il regrettait la France, il haussait les épaules. Avec deux enfants à charge, le regret est un luxe qu'on ne peut pas se payer. Il vivait sans méthode, tâchant simplement de bien faire. Il habitait à cinquante kilomètres de Samara dans une banlieue-dortoir. Où avait-il rencontré sa femme ? Sur Internet – *where else ?* Marc ne semblait pas mécontent de son sort. Du moins, il ne se plaignait pas. Je n'osais pas lui poser la question idiote du bonheur.

Les chemins de l'expatriation sont battus, et les vies que l'on croit aventureuses sont tracées d'avance. On part à l'étranger croyant partir à l'inconnu. On se dit que changer de pays, c'est un peu changer de vie. Mais c'est toujours la même vie que l'on retrouve d'un bout à l'autre du monde : cet aimable quotidien (ses heures, ses minutes), que l'on croit médiocre parce qu'on ne sait pas le goûter. La sagesse est d'en faire son miel. Le pays ne fait rien à l'affaire.

Marc nous trouva un garage. Les mécaniciens aimaient la 204, et plus encore les livres alignés sur la plage arrière. C'est une chose frappante que de voir le respect qui entoure encore l'objet du livre en Russie. Le moindre garagiste sait que son pays doit aussi son rayonnement à d'illustres écrivains. Il ignore peut-être tout de la littérature, mais il reconnaît en elle quelque chose de grand. Voilà pourquoi il est aussi porté à admirer la France. Le mécanicien de Samara me fit entrer dans une pièce puant le pneu et la benzine. Il me proposa de manger quelques tranches de saucisson. Enfin, avec une touchante retenue, il me pria de lui offrir un livre, n'importe lequel. Je lui offris *Lettrines* de Julien Gracq.

Ce volume arraché à la bibliothèque de mon grand-père, il était amusant de le voir entre les mains d'un garagiste de Samara. Le soir même, un homme passablement ivre s'approcha en titubant de la 204. Il avait la dignité dérisoire du poivrot qui ne veut pas perdre la face. Il insista pour voir la bibliothèque de plus près. Empoignant un livre au hasard, il l'approcha à vingt centimètres du visage pour en déchiffrer le titre. C'était *Les Tragiques* d'Agrippa d'Aubigné. Son front était contracté dans un immense effort d'attention. De guerre lasse, il déclara : « *Nié znâiou*... Connais pas... », et remit le livre à sa place, solennellement.

Ekaterinbourg

Elena vivait avec sa fille au dixième étage d'un immeuble austère et décrépit. C'était une femme de petite taille d'environ quarante-cinq ans, ronde et pleine comme une poupée russe. Mais à la différence des matriochkas, qui ne s'ouvrent que pour découvrir la même image en plus petit, Elena renfermait quelque chose de plus grand qu'elle. Ainsi Alcibiade comparait-il Socrate à un de ces silènes qui abritent sous un sourire tranquille l'image de la divinité. Elena ne s'ouvrait pas au premier abord. Il fallait passer du temps avec elle. Elle n'était pas plus bavarde qu'une autre, mais parlait volontiers si on l'interrogeait. Elle gardait souvent, au coin de la bouche, l'amorce d'un sourire. Elle avait le front lisse et serein, le regard franc, curieux et gai. Elle était naturelle, c'est-à-dire libre, avec ce je-ne-sais-quoi d'intelligent et de sensible qui encourage la confidence. Nous avons passé une semaine avec Elena, et je ne crois pas l'avoir entendue médire une seule fois. Cette femme avait du cœur.

Elle avait grandi loin de la ville, à l'ouest de l'Oural. Côté maternel, un grand-père chef de kolkhoz déclaré « ennemi du peuple » pour avoir refusé de planter du maïs. On passa outre sa mise en garde et la terre se dessécha comme il l'avait annoncé. Il fut doublement honni : d'avoir prédit le malheur et d'avoir eu raison. C'était un homme dur, qui n'hésitait pas à battre ses filles (les trois aînées, mal nourries pendant la guerre, ne passèrent pas la cinquantaine). Son épouse avait le visage de pierre et le regard éteint de ceux qui ont trop souffert, tels qu'on les voit sur les portraits d'*okies* de Dorothea Lange.

Côté paternel, une grand-mère alcoolique. Un jour, ivre morte, elle avait écrasé son bébé de trois mois. Elle vécut seule avec son deuxième fils, le père d'Elena, qu'elle martyrisa – car il faut bien un innocent à qui faire payer sa misère. À vingt-cinq ans, le fils toqua chez sa voisine : « Je ne veux plus vivre avec ma mère, et je veux avoir des enfants. Veux-tu te marier avec moi ? – Battras-tu tes enfants ? répondit la mère d'Elena. – Non, je les aimerai. » (Le récit, dans la bouche d'Elena, avait vraiment cette simplicité biblique.) Le lendemain, la mère d'Elena demanda à quitter le chantier quinze minutes plus tôt pour se rendre à la mairie (elle avait commencé à travailler à neuf ans au kolkhoz, puis à quinze ans comme maçonne). Ils signèrent un registre et la vie continua comme devant. Le père d'Elena était un homme maigre, taciturne et beau. Il aimait boire et danser. Orphelin de père, il avait toujours vécu dans une pauvreté absolue. Enfant, il volait du papier émeri à l'usine, qu'il faisait bouillir pour en obtenir une pâte dont il modelait des espèces de moufles. Il souffrait tellement du froid qu'il lui fut impossible de suivre la classe. De douze à soixante ans, il travailla comme fraiseur-tourneur à la « fabrique de bougies », c'est-à-dire à l'usine d'obus.

Elena était l'aînée de sa famille. Elle avait un frère et une sœur, dont l'accouchement coûta la vie à leur mère. Juste après la délivrance, celle-ci lui dit : « Je vais mourir bientôt. Ton père est alcoolique, il ne sait pas s'occuper de lui-même. Maintenant, c'est toi la chef de famille. » Elena avait neuf ans. Son seul moment de liberté, c'étaient les cours du « club militaire », où elle apprenait tous les soirs, avec les jeunes du village, à démonter une kalachnikov, plier un parachute, camper par grand froid, lire une carte, danser et lancer des grenades. Elena préférait la paix à la guerre. Mais s'il venait une guerre, elle était prête. Grâce à un potager et à quelques agneaux, elle souffrit moins de la faim que les autres. Je crois qu'elle aimait son père, mais le spectacle de ses saouleries la dégoûta à jamais de l'alcool. Élève brillante, elle intégra à dix-huit ans la « formation technique de géologie ». Elle garde de bons souvenirs de l'université et des foyers étudiants. Pour vivre, elle travaillait quatre heures par jour comme femme de ménage. Pendant dix ans, elle partit chaque été pour des missions de prospection dans l'extrême-nord de l'Oural. C'était une vie d'ermite, dans le cadre le plus sauvage qui soit. La cohabitation n'était pas toujours facile. On devinait qu'avec sa force tranquille, sa nature aimable, Elena avait été une chef partout où elle était passée.

Un soir, Elena alla voir un film français au centre Eltsine. Le film s'appelait *La Douleur*. Il était question des peines de cœur d'une femme mariée sous la Seconde Guerre mondiale. « Pendant le film, nous dit Elena, la femme pleure beaucoup, mais on se demande *comment* elle vit. Comment fait-elle pour nourrir ses enfants ? De quoi vit-elle ? Pas une fois, on ne la voit manger, comme si elle n'avait pas besoin de se nourrir. Pourtant, c'est essentiel, dans un film sur la guerre, de savoir comment les gens se débrouillent matériellement. » Tous les jugements d'Elena étaient de cet ordre : sains, bien plantés dans la réalité. Les larmes et le titre ne lui en imposaient pas. Elle décelait immédiatement si un artiste avait eu l'expérience de ce dont il parlait ou s'il faisait un joli baratin. Elle nous dit que c'était un film *typiquement français*. Je crois qu'elle entendait par là : complaisant et artificiel. Elena avait manqué de tout et nous gavait comme des oies. « N'ayez jamais honte de trop manger. On ne sait pas de quoi demain sera fait. » Le gaspillage, disait-elle, est une des plus grandes voluptés du peuple russe.

C'est à Elena que je dois la découverte des pierres. J'avais vécu sans savoir que la Terre échafaude dans ses profondeurs une architecture parfaite. J'ignorais tout de la puissante géométrie des cristaux. Pour ceux qui les découvrent sans s'y attendre, les filaments de rutile, les bigarrures du jaspe, le chatoiement de l'opale font l'effet d'une conversion : un monde divin, pénétré d'harmonie, germe lentement sous nos pieds. On est transporté de joie car la Beauté existe. On comprend que l'homme est né pour l'adorer, et l'honorer en lui-même. Fatigué ou inquiet, je sais que je peux tout oublier, et m'oublier moi-même, dans l'écoute de ce silence minéral que je rejoindrai bientôt. Elena avait pour voisin Vladimir, un ami géologue devenu peintre. Après avoir prospecté l'or pendant dix ans, il l'appliquait en couches infinitésimales sur les iconostases et les coupoles. Il menait une vie solitaire sous le regard muet des icônes. Mise à part Elena, sa meilleure amie était la bouteille. Ses autres « amis » lui empruntaient de l'argent, car il était généreux jusqu'à la faiblesse. Il avait peu de désirs et vivait pauvrement. Il débarqua un soir, portant dans sa main un petit coffre rouge. Après nous avoir fait asseoir autour de la table, il nous en découvrit le contenu : c'étaient les feuilles d'or dont il tapissait le ciel des églises. Elles étaient si fines qu'on ne pouvait les saisir avec les doigts. Quand on soufflait dessus, elles frisottaient comme l'eau sous la risée. Vladimir se munit d'une balle de coton imbibée de vodka dont il se servit comme d'un pinceau. L'or y adhérait sans s'abîmer. Il en déposa une pellicule sur le bout de mon index, et une autre sur le haut du poignet. Elles épousèrent immédiatement les empreintes et les sillons infimes qui guillochent le dos de la main. Je voulus que la vie de Vladimir symbolisât le travail de l'écrivain : prospecter l'or de la bonté qui gît au fond de l'homme, et le lui révéler.

Elena connaissait notre langue. Elle n'avait jamais fini d'apprendre. Il lui fallait toujours de nouveaux mots, comme il lui avait fallu de nouvelles pierres à découvrir et à nommer, car c'est une même curiosité qui pousse les êtres vers le réel et vers le dictionnaire. Je me souviens d'un débat que nous eûmes avec Lucie, une professeure de français qui défendait une simplification de la langue. Si on épurait les règles, disait Lucie, si on prenait pour modèle l'anglais, alors le français se défendrait mieux. Elena n'était pas de cet avis. La langue d'un pays n'était pas un outil. C'était son âme. Plus la langue était riche, plus l'âme était profonde et sensible, et plus l'homme se rendait capable de liberté. Certes, les langues s'influençaient les unes les autres, mais on ne pouvait les « calquer » sans les corrompre. Si on lui disait que les règles d'accord de l'auxiliaire avoir n'avaient aucun rapport avec la grandeur de la France, elle répondait : « Vous vous trompez. » Même si nous n'en avions pas conscience, la langue exprimait une harmonie sur laquelle nous n'avions aucun droit, mais qui fondait au contraire un devoir de transmission. Notre langue, pas plus que notre âme, ne nous appartenaient. Nous les avions reçues comme un don extraordinaire. Il fallait les entretenir avec amour. Si on disait à Elena que la complexité du français dissuadait les élèves, que tous n'avaient pas ses facilités, elle répondait que les efforts pour apprendre une langue ne sont jamais perdus, puisque ce sont eux qui nous élèvent.

Nous fîmes la connaissance de Svetlana, la fille d'Elena, âgée de quatorze ans. Ce n'est pas un fossé mais un gouffre qui sépare ici les parents et leurs enfants. Ils n'ont pas grandi dans le même monde. Ils n'ont pas reçu la même éducation. Ils n'ont ni le même *credo* ni les mêmes désirs. Les premiers ont connu le bourrage de crâne de la propagande. Les seconds, celui de la publicité. L'un encourageait à se serrer la ceinture en vue du bien commun. L'autre à se bâfrer en vue du bonheur individuel. L'un exaltait la fraternité. L'autre exacerbait l'égoïsme. L'un aidait à supporter la souffrance. L'autre la rendait inadmissible. L'un disait : « *Trois cents seaux de patates par an suffisent à une famille russe.* » L'autre : « *Il n'y a pas de mal à se faire plaisir.* » Nous n'avons pas passé beaucoup de temps avec Svetlana. Il nous a semblé qu'elle était plus curieuse des États-Unis que de son propre pays. Quand Elena la voyait rentrer du centre commercial, elle ne lui disait pas : « De mon temps, c'était autre chose… » Car Elena ne parlait jamais « du bon vieux temps ». Elle n'avait aucune nostalgie, aucune inquiétude. Du moins elle n'en laissait rien paraître. Elle laissait sa fille vivre et grandir selon son époque. Dans son village, on avait remplacé la statue d'Alexandre II par celle de Lénine. Moins d'un siècle plus tard, Lénine s'en était allé rejoindre Alexandre « au fond de l'étang ». Les régimes se succèdent, on déboulonne les statues. L'homme reste ce qu'il est. Elena voyait la succession des tyrans comme un roc, au milieu de la forêt, la ronde des saisons. Elle ne prenait pas sur elle. Elle savait *subir*.

Il y a une cinquantaine d'années, les édiles soviétiques placèrent au centre des plus grandes villes de l'URSS des « capsules temporelles ». Elles renferment un message d'espoir que les jeunesses du Komsomol destinaient aux générations à venir. Elena nous dit que les messages découverts étaient tellement affligeants de naïveté qu'on avait préféré ne pas les révéler au public. Sans doute était-il question du triomphe inexorable du communisme. Rien n'est plus triste qu'une foi morte. Qui d'entre nous, adolescent, n'a jamais adressé de *mémento* à l'adulte qu'il devait devenir ? Il n'est pas difficile d'en restituer le contenu : « Si tu es plus soucieux de ton corps que de ton âme, si tu remets encore à demain le devoir d'être meilleur, si tu as perdu l'exigence, si tu vis en égoïste et en ingrat, si tu n'es soucieux que de ton plaisir et de ta sécurité, si tu attaches le moindre prix à l'estime du monde, *honte à toi.* » Cela, ou quelque chose de cette farine... À la vue de la « capsule temporelle » d'Ekaterinbourg, triste témoin d'une espérance avariée, je craignis que mon idéal ne subisse la même infortune.

Omsk

Après nous avoir fait faire le tour des curiosités – l'incontournable rue Lénine, typiquement russe, son baroque bavarois et ses enseignes américaines –, Gricha finit par nous avouer qu'il n'aimait pas sa ville. Avec ses perspectives polluées et ses immeubles lépreux, Omsk, en effet, suinte l'ennui et le malheur. Ses habitants n'ont guère d'espoir de la quitter, si l'on en croit le dicton local : « On ne quitte jamais Omsk. » Mais avec un peu de volonté, n'est-ce pas, tout est possible. Gricha avait proposé sa candidature à trois universités françaises. Les réponses, unanimes, n'étaient pas encourageantes. Gricha n'était pas du genre à se laisser démonter. Paris ne voulait pas de lui, qu'importe ! Il y avait Moscou, Saint-Pétersbourg, Novgorod. Il soigna ses lettres de motivation, envoya des CV, sollicita les recommandations de professeurs bien disposés. Il avait oublié une chose, c'est qu'on ne quitte jamais Omsk. Après bien des refus, Gricha se résigna. Il y a un mot, en Russie, pour exprimer le poids de la fatalité : *soudba*. Gricha le définissait ainsi : « Tout est écrit. Si t'es pauvre, et que tes parents sont pauvres, c'est que tu seras toujours pauvre. » Gricha me parlait de la nostalgie de ses parents (n'était-ce pas aussi la sienne ?) :

« L'époque soviétique était plus simple, parce qu'on n'avait pas à choisir. L'absence de choix, c'est ça que mes parents regrettent. À l'époque, on vivait chaque étape de sa vie sans se poser de questions. L'une suivait l'autre et c'était comme ça. On obéissait au plan. On étudiait, on travaillait et entre-temps on fondait une famille. On suivait les rails sans imaginer d'autres vies possibles. On n'avait pas envie de voyager, puisque la propagande nous disait que la Russie était le plus beau pays du monde. Nous étions pauvres et fiers. Aujourd'hui, on est pauvres et on a honte. Ce qui nous empoisonne, c'est l'illusion des choix possibles. On nous fait croire qu'on peut tout entreprendre, que le monde est ouvert et qu'il n'y a pas de limites mais c'est pas vrai. Personne ne sait ce qu'il veut faire… Pour mes parents, la dictature était un temps béni. »

Le bétail humain s'élève en gros. On lui parle de la liberté comme d'une valeur fondamentale. Mais faute d'éducation et d'exercice, il en a perdu le sens et le goût, si bien que la liberté, dans les faits, est la licence de choisir entre telle ou telle marque de dentifrice, puis de s'asservir au premier tyran venu. Les parents de Gricha avaient la nostalgie du malheur et ne voulaient pas être libres. Choisir, quelle corvée ! S'en remettre à la volonté d'un homme et d'un système, quel repos ! Ils préféraient une pauvreté qui a un sens à une promesse de richesse qui n'en a pas. Ils préféraient une foi sans liberté à une liberté sans foi. Ils préféraient une vraie dictature où le peuple était logé à la même enseigne à une fausse démocratie où les inégalités sont par trop visibles (Égalité, le bel idéal : crever de faim tous ensemble, c'est ne plus crever d'envie). Ils regrettaient ce goût perdu du sacrifice, qui faisait supporter la misère et le froid, parce qu'on participait à la grandeur d'un idéal. Ils tenaient si fortement à leurs illusions que rien, pas même le souvenir des goulags, ne pouvait en venir à bout. Ils laissaient pousser les fleurs de la nostalgie sur le fumier des souvenirs. Le Roundup de la lucidité ne peut rien contre cette mauvaise herbe. On ne sait pas ce que c'est, nous autres, que d'avoir participé un jour à la construction du paradis terrestre. Qu'importent les souffrances, puisqu'elles ont un sens. Qu'importent les plaisirs, puisqu'ils n'en ont pas. Voilà pourquoi l'URSS vieillissait bien. Le souvenir de la douleur s'émousse avec le temps. De toutes les horreurs, les nostalgiques retiennent l'idée d'une grandeur perdue. Le temps du communisme, comme celui des chrétiens, c'est le futur : on saoule les hommes d'espoir. Seul le capitalisme a l'apanage du présent. « On n'a jamais aussi bien vécu qu'aujourd'hui », entend-on souvent. Si « bien vivre » signifie manger, ne pas souffrir et passer du bon temps, alors, certes, nous n'avons jamais aussi « bien vécu ». Mais si « bien vivre » signifie se sacrifier en vue d'un idéal, alors on n'a jamais aussi « bien vécu » qu'en URSS. Cette vision de l'existence, le capitalisme s'en moque. Il est trop vulgaire pour la comprendre. Le seul argument qu'il entende, dans le fond, c'est celui du plaisir. Le plaisir se justifie de lui-même. On se demande pourquoi on souffre. On ne se demande pas pourquoi on jouit. Voilà pourquoi le capitalisme n'a pas besoin d'idéal. Il n'a besoin que du « progrès ». On se demande parfois comment cette carotte pourrie fait encore avancer l'âne humain. C'est que l'âne humain est partisan du moindre effort. Qu'on lui promette le « bien-être », le voilà qui brait de contentement.

« Zeus nous a fait subir un horrible destin afin que nous soyons chantés dans l'avenir par les hommes futurs », dit Hélène au chant VI de l'*Iliade*. Les parents de Gricha comprennent cela d'instinct. Ils savent que la souffrance est le prix de la grandeur. « L'URSS était un vaste mensonge, cette grandeur était illusoire », leur dit-on. Ils le savent bien et s'en moquent. Ce qui leur importe, c'est d'avoir souffert plus que les Occidentaux. La douleur est peut-être le sens profond de l'histoire russe. Le pôle vers lequel elle revient toujours. L'épreuve dans laquelle ce peuple acédique retrempe son espoir d'une vocation. Quand pleut le malheur, c'est une consolation que de se sentir le grand élu de la Souffrance.

Les parents de Gricha, qui avaient connu le dénuement, le retrouvaient sous une autre forme dans le capitalisme. Certes, ils mangeaient à leur faim, mais les réseaux sociaux leur présentaient chaque jour le spectacle de plaisirs qu'ils ne pourraient jamais s'offrir. Ils ne risquaient plus de mourir d'inanition, mais de frustration et d'envie : le malheur est fait de comparaisons. Après avoir manqué du nécessaire, ils manquaient du superflu.

Élevée dans la dernière décennie du communisme, cette génération avait le cul entre deux chaises. Elle me faisait penser à ces vieux catholiques de France qui avaient vu naître sous leurs yeux une société sans foi. Égarés entre le monde des morts et celui des vivants, ils regardaient pousser une jeunesse qui semblait se contenter de choses. Ils parlaient de « grâce », de « péché », de « salut », de « sacrifice » et n'étaient pas compris. L'âme s'atrophiait dans l'indifférence générale. La foi, certains l'avaient encore. La plupart n'en avaient plus que la nostalgie.

Je pense à ce passage de Roman Jakobson que Gricha n'eût pas désavoué : « Nous avions seulement des chants captivants qui nous parlaient du futur et tout à coup ces chants, sortis de la dynamique du présent, se sont transformés en fait d'histoire littéraire. Maintenant que les chantres ont été tués, les chansons traînées au musée et épinglées sur le passé, la génération actuelle se sent encore plus ruinée, plus abandonnée et plus perdue, cette génération qui n'a pas, au sens le plus authentique du mot, la parole[1]. » Gricha avait vingt ans et nous le trouvions plein d'amertume, écartelé entre la mythologie occidentale du *self-made man* (« Tout est possible ! Un peu d'audace ! ») et un fatalisme atavique (« Tu es descendant de serf, tu as une âme d'esclave, tu n'es pas fait pour être libre »). Vers quoi pouvait-il se tourner ? La religion, il ne voulait pas en entendre parler. Le communisme, c'était un truc de *sovok*, de Soviétique ringard. Que lui restait-il ? La langue française. Si Gricha se donnait tant de mal pour l'apprendre, c'est qu'elle le faisait participer à un idéal de raffinement et de liberté dont nous aurions tort de nous moquer comme d'un cliché. Gricha avait foi dans la France. Il aimait notre littérature. Il se faisait de notre pays une belle et grande idée. Que fallait-il lui dire ? « Le prestige de la France est comme

1. In *La génération qui a gaspillé ses poètes*.

l'éclat d'une étoile morte. Le raffinement, l'esprit, la liberté, tout ça, mon vieux, c'est du chiqué. Il faut en rabattre. » Non, plutôt me faire hacher en pièces que de cracher dans la soupe. Ambassadeur d'un État moribond, je donnais le change. Je louais la France à Gricha. En la louant, je me remettais à croire en elle, et je sentais grandir en moi non plus la conscience débilitante d'un déclin, mais un amour désespéré du sol natal.

Cette situation de voyageur en porte à faux préfigurait notre retour en France. Nous revenions d'un de ces longs voyages qui font rêver les sédentaires. Mais loin de nous exalter, notre vadrouille nous avait un peu aigris. Ici ou là, le monde nous avait paru bruyant. Notre seul trésor, acquis de haute lutte, c'était cette conviction qu'il n'y a de paix et de liberté qu'en soi-même et en Dieu. Mais cela, nous ne pouvions le dire. Les sédentaires nous avaient crédités de leur espérance, et entendaient être payés en photographies de rêve et en anecdotes croustillantes. Aventuriers de pacotille, nous consentions à jouer notre rôle. Nous louions les joies de la route, l'ivresse du mouvement, la beauté des lointains. En les louant, nous nous remettions à y croire.

Car le voyageur ne voyage pas seulement pour lui-même. Le succès des récits et des « influenceurs » indique assez que quiconque s'entend à *faire rêver* joue un rôle social de première importance. Il y a en nous un tel besoin de nous échapper du réel que nous préférerons toujours écouter le vendeur de rêves plutôt que le « pisse-vinaigre » qui ose dire ce qui est. Voilà pourquoi l'aventurier de salon occupe une place inconfortable : il doit son prestige à un mensonge. Comme tous les littérateurs, il n'est pas là pour dire la vérité, qui est le plus souvent ennuyeuse ou contrariante, mais pour faire rêver les sédentaires. Sa fonction se borne à offrir un divertissement de bon ton à des citadins en manque d'évasion. Qu'il l'oublie, son éditeur-épicier est là pour le lui rappeler. Il sait bien que le voyage est un anachronisme, l'« aventure », une farce. Il sait que ses récits jouent le même rôle que les paysages d'une absolue pureté de nos fonds d'écran : nous entretenir dans l'illusion que ce que nous avons saccagé existe encore. Mais rien n'est plus contraire à ses intérêts que de détromper le monde sur l'exotisme et sur lui-même. Quand bien même il en aurait le courage, on ne l'écouterait pas. On le ferait passer pour un ingrat : « Il a la chance de voyager et il ne trouve qu'à se plaindre. » Ou un faussaire : « Il joue au désabusé : ce qu'il appelle *ennui*, c'est une pose de dandy ; sa prétendue lucidité est un parti pris de dénigrement. » Ou un atrabilaire : « Il se complaît dans le pessimisme et nous fait des leçons de morale. » Jouer les Cassandre attire bien des ennuis, et il est toujours plus facile de divertir que d'avertir. *Veritas odium parit* : la clairvoyance est une qualité que le monde ne pardonne pas. On en veut au lucide de voir ce qui ne va pas, et d'en être abattu. Son obstination à désigner le mal nous renvoie à notre effort contraire pour l'oublier, ou pactiser avec lui. On tourne en dérision sa tristesse parce qu'on a un peu honte de notre joie, et tout ce que cette joie suppose d'aveuglement, et tout ce que cet aveuglement suppose de lâcheté.

La sagesse, pour le voyageur à qui l'on demande : « *Dites, qu'avez-vous vu ?* », n'est peut-être pas de dire de but en blanc la vanité du voyage. Conscient que les chimères sont nécessaires à la vie, il lui faut consentir pour une part au mensonge. Enchanteur désenchanté, il connaîtra la tristesse des clowns ; à moins qu'il ne parvienne à se duper lui-même, la vanité aidant.

Lena

Lena nous avait invités à passer le week-end dans sa datcha, sur les bords de l'Ob, à trente kilomètres de Novossibirsk. C'était une grande femme d'une quarantaine d'années qui disait tout ce qui lui passait par la tête. On finissait par ne l'écouter que d'une oreille en pensant à autre chose. Elle subissait le châtiment des bavards : ils parlent trop, ne disent rien, personne ne les prend au sérieux. Elle s'arrêtait parfois en milieu de phrase avec un regard étonné, comme ces solitaires qui ne savent plus faire le départ entre ce qu'ils disent et ce qu'ils pensent. Lena était fêtarde. Tout lui était une occasion de lever le coude. Elle avouait que l'alcoolisme, « pour les Russes », était un problème. Cela faisait partie de la vie, comme la fièvre ou l'insomnie. Il fallait faire avec. À la quantité de vodka embarquée, je compris que nous n'allions pas à la campagne pour jouer aux osselets. Il s'agissait d'une saoulerie, ni plus ni moins. Je m'en réjouis car c'était le jour du solstice et je trouvais opportun d'accueillir l'été par une belle ivresse.

Nous étions accompagnés d'Aliocha, le mari de Lena, et d'Alexeï, un ami. Celui-ci avait apporté un carnet à dessin et des crayons d'aquarelle, dont il n'eut guère l'occasion de se servir. Lena m'expliqua que c'était un « peintre dans l'âme ». Parvenu au premier stade de l'ivresse, je compris qu'un « peintre dans l'âme » était un peintre qui ne peignait pas, mais qui pourrait peindre *si seulement* il le voulait. N'étais-je pas, moi aussi, un « écrivain dans l'âme », et même – je le savais intimement – « un aventurier dans l'âme » ? Ô Alexeï Oblomovitch, peintre de grand talent, mais paresseux, je ne doute pas de ton génie, et je te serre contre mon cœur ! Combien de belles choses nous pourrions faire tous les deux, *si seulement* nous le voulions ! Alexeï était gai et potelé. Il roulait d'une pièce à l'autre, s'assurant que les verres étaient pleins et que l'ivresse allait bon train. Quand je le vis manger ses brochettes avec une jouissance non dissimulée, je compris que cet homme était trop *terrestre* pour être tout à fait malheureux. J'aimais la façon cérémonieuse qu'il avait de boire sa première gorgée de vodka. Portant le verre à ses lèvres, il prononçait le toast solennel : « *Za droujbou !* À l'amitié ! », et avalait la rasade en fermant les yeux. Après un soupir de contentement, il posait ses mains sur les genoux, comme un enfant de chœur. Alexeï aimait trop la vie pour prendre ses déceptions d'artiste raté au tragique. Il ne savait pas tenir son sérieux – ni sa tristesse. Il me montrait son carnet de croquis, répétant à chaque page vierge un baragouin que j'étais déjà trop saoul pour comprendre mais que je traduirais ainsi pour l'histoire : « N'est-ce pas superbe, ces chefs-d'œuvre *en puissance* ? »

Nos hôtes avaient l'alcool généreux. Les toasts nous assuraient de toujours boire *pour* quelqu'un, et pour un autre, et pour un autre (il ne fallait pas faire de jaloux). Je compris rapidement que la foule des êtres aimés était trop nombreuse pour ne pas mener à l'état le plus lamentable, et qu'une telle conception de l'altruisme menait droit à la déchéance. Je compris aussi qu'Aliocha faisait partie de ces malheureux qui ne se sentent jamais aussi vivants qu'ivres morts. Avec sa bouche pâteuse et ses yeux en chasse-neige, il avait une tête à effrayer les enfants. La mienne ne devait pas être plus reluisante. Je décidai donc d'arrêter là. Je remarquai alors que Lena n'était pas ivre. Un peu grise, tout au plus. Elle ne parlait pas et se tenait en retrait. Elle veillait. Car Aliocha et Alexeï étaient trop saouls pour savoir ce qu'ils faisaient. Ils continuaient de boire, bien décidés à toucher le fond. Ils s'enfonçaient mollement dans l'ivresse – le caillou chute plus doucement dans l'eau que dans l'air, mais il chute. Lena, par contraste, était de plus en plus belle et responsable. D'épouse, elle devenait mère, et s'occupait des pochetrons avec un dévouement placide, sans un froncement de sourcil, sans un mot de réprobation. Elle était trop habituée à ces scènes d'ivrognerie pour porter sur elles un jugement moral. Aimer un être, c'est ceci ou cela, mais c'est aussi essuyer ses vomissures en chantant « *Katioucha* ».

Vers trois heures du matin, au sortir du *banya*, je fus saisi par la beauté du ciel. L'horizon était vert, joyeux, saturé d'espoir. Était-ce le crépuscule ou l'aube ? Comment le savoir, dans ce pays où la nuit du solstice est une hésitation entre le jour et le jour ? Je m'agenouillai vers l'est, où fusait l'encre de jade : « Sois béni, Soleil, Toi qui donnes la vie ! » Pitrerie néopaïenne ? Délire alcoolisé ? Non pas, mais profond chant de grâce. Une prosternation et un péan : c'est bien le moins que le Soleil mérite, pour le bonheur qu'il nous donne.

Touloun

Passé Krasnoïarsk, nous traversions un pays diluvien, annoncé sur notre atlas par les tavelures des lacs et des marais. Villages ternes, morne plaine, qu'on veut toujours quitter et qu'on retrouve partout. L'affaissement des piquets électriques et l'écroulement des toitures faisaient un triste tableau. Les constructions semblaient en sursis d'engloutissement, bâties dans l'attente du prochain déluge. Je me souvenais de ces églises du Finistère, dont le clocher de granit saillait de l'horizon, effilé comme un poignard, fier comme un symbole (« Je tiens ! »). Il inspirait une idée de fermeté que donnaient seuls, en Sibérie, le blockhaus déjà lézardé de la coopérative et les cheminées d'usine, tristes calvaires dressés à la gloire de la déesse Production. En vain cherchions-nous le bulbe d'un clocher, car les églises de village n'étaient le plus souvent que de menues chapelles de bois, toutes identiques, sur le modèle de ces basiliques miniatures des icônes byzantines, nichées dans la paume des saints bâtisseurs. Nous allions parfois y trouver un peu de calme.

Je connaissais l'avertissement de Chateaubriand dans son *Itinéraire* : « Il y a deux choses qui revivent dans le cœur d'un homme à mesure qu'il avance dans la vie, la patrie et la religion. On a beau avoir oublié l'une et l'autre dans sa jeunesse, elles se présentent à nous tôt ou tard avec tous leurs charmes, et réveillent au fond de nos cœurs un amour justement dû à leur beauté. » Si cela est vrai à vingt-cinq ans, qu'en sera-t-il à trente, à quarante ans ? Se passer de Dieu, est-ce Dieu possible ?

Et pourquoi diable s'en passer ? J'aimais l'allure sévère des popes dans leur soutane noire, leurs cheveux gras serrés en un dur chignon, la splendeur saturée de leurs églises. J'admirais leurs offices interminables auxquels, du reste, je n'assistais jamais jusqu'au bout. Je supportais même la façon qu'avaient les higoumènes de tendre la main pour qu'on la baise. En terre catholique, cet apparat m'aurait semblé contraire à l'Évangile. Ici, je me retenais de le juger : tenir son rang, après tout, n'est-ce pas pratiquer l'humilité, puisque celle-ci n'est rien d'autre que de savoir sa place ? Moi qui me piquais d'anticléricalisme, d'où me venait, en Russie, cette indulgence pour la curaille ? Était-ce de la tolérance ? N'était-ce pas plutôt le reflux d'un besoin de sacré réprimé dans mon propre pays, et que je m'accordais de satisfaire dans une autre tradition religieuse ? Il en va parfois ainsi de la « tolérance » : elle révèle où loge notre mauvaise foi et cache un désir frustré. Bien des athées ont l'Inde facile et s'émerveillent des principes d'une « sagesse orientale » qu'une lecture du Nouveau Testament leur découvrirait aussi bien. Et ce qui est vrai dans un registre spirituel l'est aussi dans un registre politique ou moral. Bien des progressistes se révèlent conservateurs au-delà de leurs frontières. Bien des pervers condamnent la pédophilie en Europe, qui la « tolèrent » une fois par an au Cambodge.

Dans cette taïga aux allures de Pantanal, le mot « bitume » assurait au voyageur un sentiment de répit et de sécurité, comparable à ce qu'évoquent les mots « sol » ou « terre ferme » pour un marin. Nous arrivâmes à Touloun. La ville était engloutie dans le cloaque d'une eau tourbeuse. Les habitants pagayaient tranquillement entre les maisons. Ce que nous avions pris pour un immense marécage était une terre mal drainée, qu'inondaient des orages diluviens, la débâcle des cours d'eau et les crues de l'été. Ainsi, les habitants de Sibérie ne connaissaient aucun relâche, entre les rigueurs d'un hiver long de neuf mois et celles d'un été suffocant et humide. Ici les *beaux jours* n'étaient pas une trêve, mais une variation dans le registre des calamités.

Toute circulation entre Krasnoïarsk et Irkoutsk était coupée pour au moins cinq jours. Il fallait que la terre cuvât son eau. La route était bondée sur une dizaine de kilomètres. On vivait sur le bord du *trakt.* Contraints à l'immobilité, les camionneurs regardaient le décor. Ces bas-côtés qu'ils ne voyaient qu'en coup de vent, ils les observaient maintenant par le détail. Il y avait des fleurs, des fougères, des déchets. Une fourmi s'aventurait sous leur chaise pliante. Ces forçats de la mondialisation changeaient brusquement d'échelle. L'immobilité leur révélait un univers minuscule. Le patient effort d'un coléoptère pour traverser la chaussée leur en disait plus long sur l'immensité du monde que leur voyage de Kazan à Vladivostok. Je pensais souvent à ces caravaniers modernes, esclaves du libre-échange, qui ne verraient jamais d'un bout à l'autre du monde que le même couloir de route. Il y avait entre eux une fraternité à laquelle nous n'avions pas accès. Nous autres touristes resterions toujours à leurs yeux ce que les plaisanciers parisiens sont aux marins pêcheurs. Ils ne parlent pas de la même mer, nous ne parlions pas de la même route.

Quelques jours plus tôt, nous avions rencontré Bjorn dans un routier. Cet ancien camionneur belge m'avait d'abord frappé par sa carrure. Il fallait voir ce colosse de cent kilos avaler son bortsch qu'il avait agrémenté d'une douzaine d'épaisses ravioles de viande, molles et rebondies comme des figues, dont le bouillon lui jutait sur le menton à chaque bouchée. De temps en temps, un mouvement du bras égaillait les moustiques qui prospectaient inlassablement sur ses mains le filon bleuâtre des veines. Ce geste exprimait un mélange de colère et d'impuissance, et Bjorn, tout à sa nourriture, faisait penser à un ours glouton et pataud, se pourléchant de miel dans un essaim d'abeilles. Le physique de ce motard, sa lourde veste de cuir détrempée, son casque posé comme un heaume sur la table, tout m'enchantait à la façon d'un conte médiéval. La scène était la même qu'il y a huit siècles, mais transposée dans la modernité. Et cet instant, insignifiant en lui-même, tirait de sa résonance avec le passé une valeur inestimable. Plus encore que les vestiges de l'Histoire, j'aimais recueillir en voyage les récurrences d'un thème immémorial. L'accueil de l'étranger est un motif répété de siècle en siècle sur le canevas de la vie quotidienne : il n'y a pas une grande différence entre tel motard solitaire dans un routier de Sibérie et tel chevalier affamé sirotant une bouillie dans une auberge bretonne.

Bjorn était un bouffeur de route. En huit jours, il avait parcouru plus de dix mille kilomètres depuis Anvers. Après avoir roulé pour le travail, il roulait pour le plaisir. L'urgence qu'il avait subie comme camionneur, il se l'infligeait comme vacancier. Voyager, pour Bjorn, c'était tenir la moyenne. Si le compteur affichait moins de mille kilomètres en fin de journée, c'était une défaite. Le paysage peut être beau, laid... l'important est qu'il défile. Voilà pourquoi Bjorn aimait la Sibérie. La taïga, c'était son *plat pays* dilaté : il en avait pour son compteur. Bjorn avait fait la route plusieurs fois, s'arrêtant à Vladivostok comme à un cul-de-sac. Il ne s'estimait repu qu'arrivé au bout du bout. Mais il en fallait toujours plus. Cette fois, il comptait embarquer pour le Japon, qu'il traverserait en quarante-huit heures. Bjorn ne voyageait pas pour voir, mais pour rouler. La route était à la fois un plaisir et un esclavage. Il l'aimait, il la haïssait, de la même passion équivoque que l'alcoolique entretient pour la bouteille. Le voyage avait quelque chose de guerrier et de contradictoire : atteindre Vladivostok, pour Bjorn, c'était *vaincre* la route, anéantir son pouvoir de séduction, mais c'était aussi être vaincu par elle. Ainsi l'alcoolique vainc la bouteille en y succombant. Dès les premières centaines de bornes, il était happé, esclave de son compteur. Lui qui avait commencé dans l'enthousiasme, il roulait pour en finir. La jolie route qu'il savourait au départ en chantonnant devenait cette « chienne de route » qu'il affrontait en serrant les dents. Il ne s'arrêtait pas, ne rencontrait personne. Nous devions à la pluie le privilège de lui parler. « Pourquoi roules-tu ? Après quoi roules-tu ? Que fuis-tu ? » Bjorn aurait été bien en peine de répondre à ces questions. Elles remuaient ce fond bourbeux de l'âme qu'il est peut-être plus sage d'ignorer. Et pourquoi toujours se chercher des motifs, quand l'instinct qui nous pousse est aussi élémentaire que l'appel du sud pour les grands migrateurs ? Je devais me souvenir de Bjorn quelques mois plus tard en Amérique, quand Xavier et moi n'étions plus mus que par cet objectif stupide : non plus atteindre, mais avancer.

Charles Steber

Lorsqu'il acheta *La Sibérie et l'Extrême-Nord soviétique* de Charles Steber, mon aïeul ne pouvait pas savoir que ce livre allait servir de guide à deux arrière-petits-fils en vadrouille. L'ouvrage pourrissait dans la cave de mes grands-parents. Les mites avaient creusé de belles galeries dans l'épaisseur des pages, grignotant des terminaisons, se faisant un dessert d'une majuscule. Enfant, j'avais découvert dans cette cave les délices de l'exploration. On y trouvait pêle-mêle des bouteilles lutées à la cire, des meubles bâchés, des vieilles bicyclettes, des cartes murales, des manuels d'avant-guerre, des centaines de livres poussiéreux. J'avais sous les yeux l'écume d'objets que les vagues de quatre générations avaient déposée entre deux déménagements. C'est là que je fus séduit pour la première fois par le pouvoir évocateur des vieux objets. Ils me faisaient voyager dans le temps, comme notre 204 dans l'espace. J'aimais saisir un livre que mon arrière-grand-père avait lui-même tenu dans ses mains. Ce n'était plus un exemplaire parmi d'autres, mais un témoin irremplaçable. Il avait été choisi, coupé, lu, manipulé par mes morts et en un sens assurait leur survie. Le lignage n'est pas qu'affaire de sang. À un siècle de distance, deux générations se fréquentent par l'usage des mêmes objets. Ce goût des vieilleries familiales mettait un frein à mon désir de détachement. On a beau jeu de se dire « détaché du matériel » quand on est entouré d'une babiole fabriquée en série et dont l'obsolescence est programmée. Ce pseudo-détachement révèle un oubli de la valeur des choses, une perte du sens des réalités.

Son véritable nom est *négligence*, à laquelle on reconnaît les enfants gâtés. Si je voulais prétendre au détachement, ce devait être en un sens supérieur : savoir la valeur d'une chose, et qu'elle n'est rien qu'une chose. Sentir son lien, et qu'on est capable de rompre.

Voyageant en Russie, je la découvrais avant tout par les yeux. Mais par la lecture de Steber, je découvrais aussi l'URSS. Je passais de l'une à l'autre, comparant ce que je voyais à ce qu'il avait cru voir. Ce Charles Steber était un personnage fascinant. Militant communiste, ténor à l'opéra de Bordeaux, voyageur géographe, héros de la Résistance : sa vie force l'admiration. Mais il aurait été difficile de trouver un guide plus partial. Son exposé lyrico-scientifique des progrès du peuple bolchevique était affligeant de naïveté. En témoigne le chapitre sur les « soi-disant “bagnes” sibériens » (*sic*). Je cite : « Des hommes au travail. Un rythme normal. Du bon ouvrage. On s'interroge : quelle différence entre les conditions de travail des ouvriers libres et de ceux-là ? On cherche et on ne trouve pas. » Et Steber de préciser qu'il écrit cela *de bonne foi.* Hélas, on n'en doute pas. Ce qui est désarmant avec les doctrinaires, comme avec les imbéciles, c'est qu'ils sont toujours de bonne foi. On nc peut pas grand-chose contre tant de sincérité dans l'erreur. Je le jugerais moins sévèrement s'il n'avait existé en son temps d'autres sympathisants qui, placés dans les mêmes conditions, ne s'étaient pas laissé duper. J'avais lu le *Retour de l'URSS* d'André Gide, remarquable d'honnêteté et de clairvoyance. J'avais aussi apporté la *Découverte de la Russie* d'Henri Massis, ennemi notoire de Gide et militant de l'Action française. Flanqué d'un chanteur communiste, d'un écrivain libre-penseur et d'un académicien vichyste, j'étais sûr de ne pas m'ennuyer, sans faillir à l'exigence d'un savoir objectif.

Il est facile de juger ceux qui nous ont précédés. À leur place, aurions-nous été meilleurs ? De quelles illusions sommes-nous dupes, que l'avenir condamnera ? Dans quelle faillite sommes-nous engagés à notre insu ? La méprise de Steber me servait d'avertissement : suis-je du parti des dupes ou de celui des lucides ? Je crains que mon époque ne lègue à l'avenir autre chose que les reliefs d'une hideuse et irresponsable goinfrerie, que nous aurons eu l'impudence d'appeler « libération ». Je me sais complice et prisonnier d'un mode de vie qui suppose le mépris de la vie sous toutes ses formes, l'asservissement de centaines de millions d'hommes à la publicité, l'étouffement de toutes les vérités sensibles au cœur qui seules confèrent une noblesse à l'existence. Ce mensonge repose sur le *credo* affligeant que l'homme ne vit que de pain, et sur cette foi naïve dans le progrès (autre nom de la démesure), qui ne trouve encore des adeptes que parce qu'elle justifie nos excès, anoblit nos délires et autorise une cupidité sans frein. Ne serais-je pas dupe aussi du voyage ? Si celui-ci est une tentative d'évasion, je la sais vouée à l'échec. Partout, je retrouverai ce que je fuis, à moins de m'isoler dans quelque ermitage sibérien – ce qui n'est pas sérieux. Bas les masques ! Ce voyage n'est au fond qu'une dérobade, pour moi qui ne me sens pas le courage de la lutte ouverte.

On est toujours la dupe de quelqu'un d'autre, et en particulier de nos descendants. J'aurais voulu me projeter dans les siècles à venir pour mieux déceler les évidences que me voilait une actualité tapageuse. Et ce désir, je le retrouvais à l'échelle de ma propre existence :

je voulais être vieux avant l'âge, vivre ma jeunesse avec le recul d'un homme de quatre-vingts ans. Autant vouloir cumuler les agréments de l'été et de l'hiver… Pour approcher cet idéal, mon seul artifice était la pensée de la mort. Par elle, je faisais venir d'un bond la vieillesse dans la jeunesse : l'insouciance et la gravité, loin de s'exclure, se combinent à merveille. Vivre comme si on était déjà mort, voilà l'idéal ! la suprême liberté ! On sait que tout est joué d'avance. On ne cherche plus à se contrefaire. On perd toute vanité. On va droit à la vérité sans perte de temps. Les autres pourront essayer de nous blesser, de nous humilier. En vain. Que peut-on contre un mort ?

Si j'en crois Ruth Benedict, avant un examen, un entretien d'embauche, les Japonais se disent parfois : « *Fais comme si tu étais déjà mort.* » Un esprit débile pourrait conclure de cette injonction qu'il ne sert à rien de se donner du mal. À quoi bon se fatiguer, puisque notre gesticulation aboutit au néant ? Un esprit sain tire la conclusion opposée. Notre vie est aussi éphémère que celle d'un papillon : jouons donc le jeu (et jouons-le à fond car c'est alors qu'on s'amuse), mais sans accorder trop d'importance au résultat. Au coup de sifflet final, je rendrai mon maillot. Gagnant, perdant… *Es igual.* Je me suis donné, c'est tout ce qui compte. D'ailleurs, ai-je le choix ? Qu'importe si mes efforts sont vains, inutiles mes entreprises, puisque ce sont eux qui me grandissent. Je n'ai rien à perdre à me connaître mortel, qu'un peu de mon orgueil.

Irkoutsk

Nous avions rencontré Ilia et Nastia par l'entremise de l'Alliance française d'Irkoutsk. Ilia était employé en Chine et vivait en Russie. Sa besogne du jour était abattue en une dizaine de textos, si bien qu'on ne savait jamais vraiment quand il travaillait et quand il se reposait. Avec ses yeux bleus, ses cheveux longs, sa barbe clairsemée, il faisait penser à un Christ flamand. Nastia faisait du mannequinat. Elle avait une taille de sablier, des yeux en amande et des lèvres à croquer. Il y avait aussi Andreï, qui nous accueillait chez lui. Il était procureur et jouissait d'une bonne situation. Sa grande affaire était l'amour. Le reste était bagatelle et perte de temps. Il avait une maxime irréfutable : « Si t'as planté des carottes, t'attends pas à voir pousser des poireaux. » Il voulait travailler beaucoup pendant dix ans pour se consacrer ensuite à l'essentiel, c'est-à-dire à ses pourchas amoureux. Nous rencontrâmes son père, Anatoli. C'était un professeur de tennis de cinquante ans. On avait envie d'être son ami parce qu'il était beau, et parce qu'il semblait incapable de vouloir le mal. Aucune amertume en lui. Aucune tristesse. Mais une profonde joie de vivre. Il n'avait que faire de passer pour intelligent, cultivé ou brillant. Merveilleusement simple, il n'avait pas à prétendre. Se balader avec lui dans les rues d'Irkoutsk était une leçon de bonheur. Il s'émerveillait du visage d'un enfant, complimentait une femme, s'achetait une glace, nous offrait des *pin's* du Komsomol, taquinait des passants. Quand on lui expliquait que le mot « fesse », en français, est presque toujours au pluriel, puisqu'il y en a deux, il se tordait de rire. Il nous apprenait des horreurs en russe, non sans les faire passer pour des mots communs, qu'on répétait avec une innocence affectée. Il nous emmenait au bord de l'Angara et se baignait nu dans l'eau glacée. Son corps était affûté, étonnamment jeune. Il était parti de rien. Il avait passé sa jeunesse dans un orphelinat. Il nous disait que ce n'était pas si grave, de ne pas avoir de parents. Il n'en voulait à personne. Il aimait une jeune femme de vingt-quatre ans, belle comme une déesse, orpheline de père. Il était un peu plus que son amant.

L'appartement d'Andreï donnait d'un côté sur l'Angara, de l'autre sur le *Family Fitness Center*. Tous les matins, à sept heures, un *coach* beuglait sur fond de musique techno. Je me frottais les yeux et allais voir les *musculators* depuis la fenêtre. Pourquoi diable vient-on écouter de la techno dès potron-minet ? Pour « se dépasser ». Mais en vue de quoi ? Les *musculators* se dépassent en vue d'eux-mêmes ou, plutôt, en vue de leur image : ils ne sont rien que leur corps. Ce n'est pas le narcissisme que je déplore. Il y a un narcissisme moral dont l'autre nom est « point d'honneur » : on se mire dans ses propres actions comme dans une mare. Plus elles sont désintéressées, cependant, plus le reflet s'estompe. Lorsque l'intention est absolument pure, l'eau est limpide, le reflet disparaît. On voit alors le fond des choses. Mais le narcissisme des amateurs de fonte est d'une autre nature, parfaitement stérile. Leur sport est une autolâtrie – un onanisme de l'effort. Derrière le désir d'être bien dans son corps, je devine le mal-être provoqué par les canons d'une publicité obsédante, mais aussi une certaine veulerie morale : on veut avoir le corps d'Achille pour oublier qu'on a l'âme de Pâris. Drôle de peuple, physiquement prêt pour la guerre, moralement en déroute.

N'étais-je parti moi aussi que pour me « dépasser » ? Je me souvenais de Guillaumet et de Mermoz, mes grands frères admirés. En partant à l'aventure, j'avais la prétention de marcher sur leurs pas. Mais je savais bien que ma vadrouille ne souffrait pas la comparaison avec leurs exploits. Tout ce à quoi je parvenais était une singerie d'aventure, car leur voyage avait un but. Les sacs de courriers entreposés dans leurs carlingues justifiaient qu'ils risquassent leur vie. Nous aurions donné cher, Xavier et moi, pour transporter une lettre d'amour. Elle eût fait de nous des émissaires et donné un sens à notre errance. Et pourquoi une lettre d'*amour* ? Pourquoi toujours ce sentimentalisme benêt ? Une facture EDF aurait fait l'affaire, puisque nous en étions à chercher un prétexte. (Les gars de l'Aéropostale, après tout, n'en étaient-ils pas eux aussi à chercher un prétexte ?)

Le culturisme me faisait mieux comprendre l'architecture soviétique. D'une ville à l'autre, c'est partout le même gigantisme outrancier, comme si la grandeur d'une civilisation se mesurait aux dimensions de ses buildings. Ces démonstrations étaient celles d'un adolescent complexé, qui gonfle ses muscles pour compenser sa petite taille. J'avais relevé ces phrases dans le manuel de français soviétique d'Elena : « Voilà les Champs-Élysées. C'est *la plus large* et *la plus belle* avenue de Paris. Voilà la place de la Concorde. C'est *la plus grande* et *la plus belle* place de Paris. » Cette confusion entre grandeur et beauté me rebutait. La vraie grandeur n'est jamais écrasante. La chapelle de Saint-Samson, en Bretagne, en dit plus long sur le génie du christianisme que le colossal Parlement de Bucarest sur celui du communisme. Le monumental est à l'architecture ce que le culturisme est au corps : une perversion pathologique du goût.

Passé les frontières de l'Autriche, à vrai dire, toutes les villes se confondaient dans mon souvenir. Il y avait le vieux centre, où quelques débris d'un passé momifié faisaient à peine illusion. Au-delà, c'était la même lèpre urbaine, avec ses barres d'immeubles, ses centres commerciaux, ses avenues irrespirables. C'en était bien fini de la ville et de la campagne telles que nos grands-parents les avaient connues. Xavier et moi faisions partie d'une génération de dupes, à cheval entre deux ères, légataires d'une culture qui ne nous aidait plus à comprendre notre temps. Nous employions une langue forgée dans un monde dix fois moins peuplé que le nôtre, où les mots ne renvoyaient pas aux mêmes choses. Avec notre bibliothèque ambulante, nous étions comparables à de riches étrangers qui débarquent sur une île où leur monnaie n'a plus cours. Le mot même de « voyage » est un anachronisme. Nos voyages n'ont de commun avec ceux du passé que la translation dans l'espace. Nous croyons en leur parenté faute d'un autre terme. Il y avait jadis des voyages, il n'y a plus que des déplacements. Notre automobile n'était-elle pas le symbole évident de notre naïveté ? Comme s'il suffisait de se munir de vieux outils pour remonter le temps. La 204 ne nous rajeunissait pas le monde de cinquante ans. Elle nous vieillissait d'un demi-siècle.

À la vue des immeubles soviétiques, tristes, défraîchis, prématurément vieillis, je constate que tout en Sibérie est récent, mais que rien n'est moderne à proprement parler. Et tout est déjà obsolète, mais rien n'est ancien. La solidité du béton induit en erreur, puisqu'elle fait croire en sa durée quand un siècle suffit à le dégrader. Ce nouveau matériau avait suscité un grand espoir chez les architectes soviétiques. Pour la première fois, on crut pouvoir bâtir pour le long terme. Jadis, les isbas donnaient aux villages sibériens une allure de *settlements*, vulnérables aux flammes et aux calamités. On ne bâtissait pas « pour les siècles des siècles », mais pour une trentaine d'hivers. L'historien Soloviev disait que c'est l'absence de *pierres* qui avait privé les moujiks du sens de la durée. De fréquents incendies et des hivers glacés : il n'en faut pas plus pour saper à la base la croyance dans la permanence des choses, qu'inspire aux Européens le voisinage de bâtiments vieux de cinq siècles. Ici, on s'en tient au fameux : « *Nitchevo, avoc*... : ce n'est rien, ça s'arrangera. » Sous-entendu : « Pourquoi donc se donner tant de peine à bâtir, puisque *tout passe* ? » Elena m'avait dit que son peuple était plus capable de brefs accès d'héroïsme que de persévérance. Face à la puissance des éléments, la ténacité a tôt fait de passer pour de la présomption.

Les « villes-champignons » de Sibérie seraient bientôt remplacées par autre chose. Aux yeux d'un Européen, elles en resteraient toujours au stade du brouillon. Mais pour les Russes, ce brouillon était la norme. D'un régime à l'autre, on gommait, et chaque période léguait à la suivante un héritage sans testament. « Soyez européens ! » avait ordonné Pierre le Grand. « Non, vous serez bolcheviques ! » avait exigé Lénine. « Tout compte fait, soyez capitalistes », disait Poutine. L'identité des Russes ne tenait à aucune de ses identités d'emprunt mais à leur manière d'en changer. Il leur fallait un but à atteindre, n'importe lequel, une limite à dépasser, une foi à laquelle se sacrifier (s'ils sont nihilistes, c'est avec le zèle d'un converti). Sans débordement possible, c'est l'ennui assommant de la plaine.

À Irkoutsk, ces revirements étaient symbolisés par le centre commercial construit sur les bords de l'Angara. Les promoteurs l'avaient baptisé le « Komso-*Mall* ». Ce cynisme dégoûtant ne semblait pas choquer Ilia. Il trouvait le jeu de mots amusant, « bien trouvé ». Ce peuple idéaliste changeait d'idéal comme Ilia de chaussettes. Aucune transition, aucune maturation, mais une succession de « sauts », des révolutions brutales, des implantations violentes et malheureuses. Ici, nulle ruine, nul vestige. La taïga ne peut se prévaloir d'aucune antiquité, seulement d'une préhistoire. Quant à la modernité, elle était arrivée ici comme un cheveu sur la soupe. On l'avait inculquée aux masses à coups de knout. Je comprends la légèreté d'Ilia, sa déroutante capacité d'adaptation, sa force d'oubli. Il est plus facile de faire table rase d'une tradition quand elle est toute d'importation. Il est plus facile d'oublier le passé quand il n'est vieux que d'un siècle. Par contraste, Xavier et moi manquions de souplesse. Notre conscience historique nous condamnait au rebut. On nous demandait de nous adapter sans trop y réfléchir. Pour cela, il fallait se délester de tout un héritage. Soit… mais comment faire quand l'héritage est immatériel ? Nous le portions en nous-mêmes, dans notre manière de penser et de sentir. S'adapter, c'était renier ce qu'il y avait de meilleur en nous. Adolescents cacochymes, notre destin était de voir pourrir ce à quoi nous tenions et de cultiver dans la solitude les derniers germes d'une civilisation périmée.

Ilia ne parlait pas le même langage. Ivan, Pierre le Grand, Lénine, Poutine… là où je voyais une succession de ruptures, il voyait la récurrence d'un même motif. On avait toujours cuisiné le peuple russe à la même sauce et il n'y avait pas de raison que ça change : d'un côté, les tyrans, grands jouisseurs pourris jusqu'à la moelle ; de l'autre, la masse anonyme des misérables à qui l'on jette un idéal comme un os à ronger. Ilia n'en tirait aucune amertume. Voilà des siècles que les Russes étaient gouvernés par un tyran : il fallait prendre son parti des constantes de l'histoire comme des lois de la nature. Il me disait que la devise de son pays pouvait être « *Kak vsigda* » (« Comme toujours »). En bon Européen, l'histoire était pour moi le fait des hommes. Elle était un roman à rallonge, avec un début, un milieu et un dénouement qu'on n'en finissait pas d'annoncer. Ilia la voyait comme une répétition de cycles, prévisible comme la ronde des saisons. « Tout passe et change et se répète. Les civilisations ne font pas exception. La tienne disparaîtra comme les autres et reparaîtra sous une autre forme. » La vieille antienne, quoi.

Tchita

J'avais été frappé, dans un récit de Kipling, par la mention de ce gentleman qui dînait en queue-de-pie dans la jungle. Depuis le fauteuil où je lisais, cette scène me semblait un bel exemple de dignité. Nous avions donc apporté nos costumes, qu'en fait nous ne mettions jamais. Dans les moustiqueraies sibériennes, la cérémonie me paraissait ridicule. Je voyais mieux ce qu'était ce dîner aux chandelles : une mise en scène d'écrivain. Sans doute, un petit public avait sanctionné d'une photographie cette grossière démonstration. Le gentleman avait pensé dans son coin : « Quand ma petite femme et les copains du club verront ça, *back in London*, ils seront épatés… » Ce que j'avais pris pour de la distinction était du *m'as-tu-vu* bourgeois. Insultés par la bêtise de ce civilisé, les aborigènes avaient bien dû le lui rendre en se payant sa tête comme il se doit. Bien des couillonnades littéraires, au contact de l'expérience, apparaissent enfin pour ce qu'elles sont : du néant.

En réalité, le costume que nous mettions en forêt était une combinaison anti-moustiques. Nous recherchions le « contact » avec la nature et celle-ci ne nous apparaissait qu'au travers d'une étamine. La combinaison, d'ailleurs, ne suffisait pas. Il se trouvait toujours un taon pour trouver le défaut de la cuirasse. Seule la fumigation avait raison des insectes. Nous disposions trois feux en triangle autour de la tente. Sous une chaleur qui avoisinait les trente-cinq degrés, il nous fallait nous presser contre le foyer pour avoir un peu de paix.

On rêve de Sibérie comme d'un lieu où l'on sera enfin tranquille, mais on y est harassé par les insectes, la chaleur et les ivrognes. On regrette aussitôt le monde civilisé que l'on retrouve dans les mégalopoles, où des touristes à Kodak nous renvoient l'image déprimante de ce que nous sommes. Le soir, écoutant les nuées de moustiques vibrionner entre la tente et le double-toit, je me souvenais d'une soirée de vendanges dans les coteaux du Layon. Les vignes baignaient dans une lumière de vin blanc et nous vidions les bouteilles, accoudés au tonneau. Alors, il n'y avait pas de moustiques et le temps était bon. Douceur angevine, il faut aller en Sibérie pour te connaître !

À la lecture de Jack London, qui ne s'est senti une vocation pour le grand air ? Mais quelques soirées en Sibérie suffisent à nous dessiller. La nature est un fantasme de citadin. Abandonnée à elle-même, elle laisse une impression de vide, d'hostilité et de désordre. Ce que nous appelons « nature », en France, est un parc travaillé de main d'homme. C'est au prix d'un aménagement séculaire que nous pouvons goûter la paix et la beauté à laquelle nous l'associons. Le rapport au monde sauvage sera toujours biaisé par notre remords de l'avoir saccagé. Ainsi nous l'assimilons à une pureté idéale où nous rêvons de nous « ressourcer », comme les philosophes du XVIIIe siècle assimilaient le *bon sauvage* à une candeur morale non encore souillée, au contact de laquelle ils espéraient régénérer leur conscience. À trois siècles de distance, je vois l'expression du même repentir. Nous autres modernes, incapables de mesure, coupés de Dieu, nous nous sommes installés dans la schizophrénie et idolâtrons d'un côté ce que nous saccageons de l'autre.

Ce qui m'avait d'abord attiré en Sibérie, c'était le spectacle d'une terre dénuée d'histoire, où l'homme n'a pas encore laissé d'empreinte. Une terre sans hommes, quel repos ! J'arrivais un peu tard, de quelques milliers d'années. La principale route de Sibérie n'offre pas le spectacle d'une nature sauvage mais abîmée. Les Russes ne s'y trompent pas, qui assimilent le Transsibérien à l'industrie (la déconnade poétique de Cendrars les ferait bien rire). C'est ainsi qu'à Tchita, deux jeunes Russes croisés dans le centre ne parvenaient pas à comprendre ce que des Français pouvaient bien faire ici. Ils habitent non loin de Paris la Belle et vont voir Tchita la Hideuse : ce qu'ils doivent s'ennuyer, ces Français !

À rebours de mes propres attentes, je développais en Russie une fascination pour les usines et les anciens combinats. Ce n'est plus à Lemnos ou sur les pans de l'Etna qu'il faut chercher les forges de Vulcain, mais dans ces espaces si riches en minéraux que l'homme les croit inépuisables, et se sent autorisé à y porter la main sans retenue. La sauvagerie – fameux paradoxe –, c'est le civilisé qui me la découvre le mieux, dans ses appétits barbares, sa fascination servile pour la technologie, ses jungles urbaines.

Nous campions ce soir-là dans un bosquet de sapins et de bouleaux à trois cents kilomètres de Tchita. Le sapin, martial, imperturbable, phallique : symbole de force et de ténacité. Le bouleau, délicat, pâlot, sensible à la moindre bise : symbole de grâce et de douceur. Je les voudrais côte à côte sur un blason idéal. Le coin n'avait rien de charmant. Les rails du Transsibérien passaient à distance et nous entendions toutes les heures une longue file de wagons galoper vers Vladivostok, avec son « tagadac » régulier. Une immense cheminée, à moins d'un kilomètre, crachait une épaisse vapeur blanche. Pas un travailleur n'était visible sur les passerelles. C'est l'impression du *qui-vive*, plus que celle du labeur ou de l'affairement, qui dominait à la vue de ce monstre d'usine. La production de cette forge n'était pas visible mais cachée sous une tubulure compacte. On ne se demandait pas ce que la bête fabriquait mais ce qu'elle *couvait*. Ce ronron continu, comme celui d'un moteur au ralenti, laissait deviner des réserves de puissance inexploitées, comme si l'on préférait maintenir la bête d'airain en sous-régime de crainte que sa mise en branle n'échappe à tout contrôle. En somme, l'homme paraissait plus un dompteur qu'un créateur de machines. Le paysage était ambigu, hybride, ni tout à fait beau ni tout à fait laid : humain. L'industrie et la nature se côtoyaient sans se confondre. On était bien loin de la splendeur paisible des tableaux du Lorrain. L'usine était vissée à la terre comme une tique. Elle en suçait le sang en parasite.

Vladivostok

Vladivostok, ville moite noyée dans le *smog*. En somme, c'est Brest en encore plus laid. Arrivé au bout du monde, il me vient une envie d'en visiter le centre. Nous avançons, l'objectif recule à mesure et la boucle, on le sait, ne sera jamais bouclée. Le bonheur a encore changé d'enseigne. Protée ricane, ce coquin, qui nous glisse entre les doigts.

Nous étions à la *Contrebande*, un bar semblable à tant d'autres dont le nom indique assez le genre : « interlope », mais pour bourgeois. Je buvais sans soif, riais à des blagues idiotes, m'ennuyais bruyamment.

Je rencontrai Sophia, une adolescente de trente-huit ans originaire de Tchita. À vingt ans, elle avait passé une semaine de vacances en Thaïlande. Les fêtes, le climat et les plages l'avaient enchantée. Elle s'était convaincue que le bonheur se trouvait sur cette île et qu'il suffisait d'y vivre pour le faire durer. Elle n'avait pas eu de difficulté à trouver un petit boulot dans un hôtel. Les années passent. Ce sont toujours les mêmes plages, les mêmes boîtes de nuit et le bonheur d'un printemps, d'être répété, s'étiole et se fane. Bientôt, Sophia se sent coincée sur son île. Elle prend de l'âge, sans mûrir. Elle presse l'un après l'autre les plaisirs de ses vingt ans comme de vieilles oranges, dans l'espoir d'y recueillir un reste de jus. Elle s'amuse mais ce n'est plus la même chose. Les soirées ne sont plus aussi joyeuses. Ce n'est pas vraiment l'insouciance qu'elle retrouve dans l'ivresse, mais l'oubli : elle s'assomme. Elle avait fui Tchita. Bientôt, elle fuirait la Thaïlande, trimbalant d'un coin à l'autre du monde sa petite geôle intérieure. Pour elle, la Terre serait toujours plate comme l'ennui. Veut-elle revenir en Russie ? Pas question, c'est un pays affreux. Et puis, ses amis l'envient. Elle reste donc en Thaïlande non plus par goût mais par vanité. Tout indique que le bonheur n'est pas une question de lieu, ni la liberté une affaire de mouvement. Mais les dupes s'entourent de dupes et tous s'entretiennent dans leur duperie.

Je pense aux frères Andreï et Piotr Borissov, décembristes relégués dans cette même Transbaïkalie dont Sophia est originaire. La princesse Volkonski rapporte qu'ils ramassaient des plantes et collectionnaient insectes et papillons à leurs rares instants de loisir, les fers aux chevilles, après des heures de travail épuisant dans la mine. D'où me venait cette impression que ces forçats étaient plus libres que Sophia ? Ils avaient l'amour passionné d'un frère et une insatiable curiosité pour le réel. Sophia était dépourvue de l'un et de l'autre. Elle avait le visage gonflé par la cortisone, les yeux vitreux, le teint diaphane. Elle se disait heureuse. Le bonheur n'est pas gai.

Donghae, Corée du Sud

Nous avions laissé la 204 à Vladivostok et pris le ferry pour le Japon. C'en était fini de ce voyage confortable qui nous avait menés sans effort d'un bout à l'autre du monde. Peut-on parler d'aventure quand on se déplace affalé sur un siège ? Nous avions réalisé le rêve de Flaubert, qui se serait contenté de voir défiler les paysages d'Égypte sur les panneaux mobiles d'une attraction foraine. Mais vingt mille kilomètres à la force d'un moteur, pour nous autres sportifs, ça n'était pas du jeu. Le besoin qu'il y avait en nous de nous exténuer n'était pas satisfait. L'automobile avait fait de nous des poussahs de la route, des ronds-de-cuir de l'aventure. Quatre mois après le départ, nous nous sentions encore comme deux jeunes chiens qui tirent sur la laisse et qu'il faut découpler. Depuis la mer Intérieure, la vue des monts Taebak excita notre envie d'en découdre. Une escale de vingt-quatre heures était prévue à Donghae. Il fallut se presser. Nous laissâmes nos sacs au port et partîmes pour la vallée de Mureung. L'objectif consistait à grimper la plus haute montagne puis à redescendre. C'était stupide mais cela valait mieux que de rester sur le quai à siroter des rafraîchissements. La première heure d'ascension fut une suite d'émerveillements. Jamais, depuis le début du voyage, nous n'avions eu à ce point l'impression d'être étrangers. Contraints au mutisme, nous n'avions que nos yeux. L'ignorance est peut-être le meilleur atout du contemplatif. C'est quand on n'attend rien d'un pays qu'on le découvre bien. À trop préparer un voyage, on n'a d'yeux et d'oreilles que pour ce que nous connaissons ou croyons connaître, et ne voyageons plus pour découvrir mais pour attester des lieux communs. Je goûtais à Donghae la joie des premières impressions. C'étaient la stridulation des cigales sous une chaleur de serre, des visages muets, des enfants aux cheveux noirs qui barbotaient dans un ruisseau sous le regard furieux des *Nio.*

Le jour tombait. Heure après heure, nous prenions de la hauteur. L'épaisse canopée nous dissimulait le sommet. Privés de repères, nous avancions à l'estime. Notre marche perdait son sens, car il ne fallait plus compter sur la beauté du panorama. Nous risquions simplement de nous perdre et de rater l'embarquement. De plus, il ne nous restait qu'un fond d'eau, la chaleur était exténuante et nous n'avions aucune idée du nombre de kilomètres qu'il restait à parcourir. Nous marchions : stupide comme un âne, le sportif ne cherche qu'à *tenir* et se considère pour faible d'avoir écouté sa raison. Nous atteignîmes le sommet vers une heure du matin, les jambes lourdes, le gosier sec, la chemise dégouttante de transpiration. Le brouillard était tel qu'on ne voyait pas à dix mètres. Nous n'avions plus d'eau, la descente s'annonçait horrible. Mais *on l'avait fait.* L'estime de soi tient à ces petites fiertés.

La descente, en effet, fut pire que l'ascension. Nous ne faisions pas de pause, craignant de ne plus pouvoir nous relever. Je fixais la tache lumineuse que ma lampe projetait sur le sol, obnubilé par mon désir d'en finir.

Je me souvenais qu'il y avait un cours d'eau en fond de vallée. Le plaisir anticipé de la baignade faisait tout supporter. Nous arrivâmes enfin. Je m'accroupis au bord du ruisseau et approchai amoureusement mes lèvres de la surface. Moment délicieux : plus le désir est vif, plus vive la jouissance. Nous nous dénudâmes sur les rochers et plongeâmes. L'eau était un baume et un refuge, car elle nous protégeait des moustiques. La lune, émiettée en une poussière d'étoiles, éclairait faiblement la surface. Plongés en plein miracle, nous restions sans voix. L'existence nous faisait ce soir-là une grâce. Nous la goûtions sans la comprendre. Je sentis déferler en moi une vague de joie et de reconnaissance. « Le Puissant fit pour moi des merveilles, saint est son nom ! » C'était un de ces moments de félicité où l'on aimerait être ravi par les anges et que tout cela finisse – car le désir de mort fleurit aussi sur les hautes cimes du bonheur.

Le lendemain, c'en était fini de la poésie. Après deux heures de sommeil, le corps criblé de piqûres d'insectes, il nous fallut redescendre vers le port sous le cri des cigales. Le bateau nous attendait, avec son bar, sa musique sauvage, sa puanteur. Mais le voyage, c'est cela : une succession rapide d'émerveillements et de dégoûts. Nous n'allons que de bien en mal, de mieux en pire. Il nous restait une nuit de navigation avant d'atteindre le Japon. Des voyageurs autrichiens nous enjoignaient de les retrouver au *night-club*. « Une cinquantaine de Coréens qui dansent sur de la mauvaise pop, c'est un *show* à ne pas manquer ! » Je pensais au contraire que s'il y avait bien un spectacle qu'il fallait manquer, et manquer à tout prix, c'était celui-ci. Je me dérobai en prétextant ma fatigue. « C'est une chose à faire… il faut voir ceci… vous ne pouvez pas rater ça… », les faux impératifs qui dévorent notre vie en ville, on les retrouve en voyage, et plus nombreux, plus futiles encore. Comme je me sentais las, après cette nuit merveilleuse, d'avoir à m'intéresser à des choses qui ne m'intéressent pas, de parler à des gens que je ne veux pas connaître, de perdre mon temps, c'est-à-dire ma vie, à des futilités qui ne m'enrichissent pas !

« Le Japon »

J'avais découvert le Japon (ce qu'on appelle « le Japon ») à Boulogne-Billancourt, dans le parc Albert-Khan. Depuis Saint-Cloud, je n'avais que la Seine à franchir, fleuve-océan, pour rejoindre l'Orient. Il y avait là une petite forêt vosgienne, un verger français et un jardin japonais. Dans ce microcosme, je fis mes premiers tours du monde. Une nuit de juin, je m'y étais glissé en fraude. Déambulant dans le jardin, je vécus un de ces moments de plénitude qui décident de l'existence, puisque le reste en est passé à rechercher l'harmonie perdue. Je dormis dans le petit pavillon de thé et me réveillai à cinq heures. À quelques mètres de moi, les voitures passaient sur le rond-point *Rhin-et-Danube*. Mais je n'étais pas à Paris ni en France. J'étais dans un Japon artificiel et combien plus réel, pour moi, que les immeubles de Shibuya. En somme, j'avais découvert le Japon à un village d'Exposition comme un Parisien de 1867. « Amoureux de cartes et d'estampes », j'étais sensible aux mêmes clichés. Je ne savais pas encore que ce contraste entre l'enclave du jardin et le désordre de la ville est un trait caractéristique du Japon contemporain, si bien que ce voyage imaginaire réalisé à Boulogne-Billancourt était une exacte prémonition de ce que j'éprouverais plus tard à Tokyo.

Le Japon pour moi n'était pas un pays, ni les Japonais des hommes. C'était une utopie que je peuplais de mes fantasmes. *Ex oriente lux*... Cette propension à imaginer des hommes meilleurs que nous à l'autre bout du monde repose sans doute sur un ressort psychologique immuable. Déjà Homère plaçait aux confins de l'œkoumène les Hyperboréens amis des dieux, et les Abies, « les plus sages des hommes ». Ainsi, je m'étais fait du Japon l'idée d'un lieu où la chevalerie existait, et dont la devise aurait pu être : « *Makoto* » (« franchise », « dévouement », « pureté »). Qu'un peuple ait choisi pour emblème le *Hinomaru*, ce soleil de sang sur fond de neige, cela suffisait pour que je voulusse m'en faire un ami. Là-bas, les êtres se signalaient par cette vertu rare, dont le nom même est aujourd'hui désuet : la déférence. Sans doute ma curiosité pour le Japon était-elle le revers de ma réaction à la modernité. Mon époque n'était pas celle de la chevalerie, mais de la dérision. Elle n'était pas celle de la foi, mais de la raillerie. Elle n'était pas celle des Marathonomaques, mais des sophistes. Tout y était factice ou parodique. Cervantès avait enterré Bayard.

Je m'étonnais que la civilisation occidentale ait abouti à l'idéal de l'épicier. Tout ça pour *ça* ! Tant de sang versé et de chefs-d'œuvre pour enfanter de ce petit homme flasque, inculte et conformiste, tolérant par impuissance, lâcheté ou intérêt, dépourvu de sensibilité et de noblesse intérieure. Quelle dégringolade ! La publicité m'assénait depuis l'enfance que vivre, c'était « profiter », terme qui suscitait en moi cette nausée morale que d'autres appellent mépris. Certes, il y avait aussi la « culture ». Il fallait savoir parler de Baudelaire à un dîner. C'était requis. Mais qu'on se mette soi-même à lire Baudelaire, grands dieux ! ce n'est pas sérieux, laissons ça aux artistes (synonyme de pitre, de jean-foutre, d'imposteur). Il en allait de la vertu en France comme de la sainteté dans les familles catholiques : on l'admire *de loin*. Cette vulgarité satisfaite d'elle-même me rebutait. Dès mes treize ans, je pratiquais l'onanisme du mépris (une mauvaise habitude dont l'Amour un jour nous débarrasse). Je ne portais pas le marketing dans mon cœur, ni les élèves en école de commerce : « Contemple-les, mon âme ; ils sont vraiment affreux. » Les abjections de mon temps, c'est d'abord en moi-même que je les débusquais. Aussi me fallait-il à tout prix de la grandeur. J'ouvrais Eschyle ou Marc Aurèle : là, on respire. Enfin, je découvris le Japon par l'histoire de ses héros tragiques. Je décelais de secrètes affinités entre des cultures aussi opposées dans le temps et l'espace que la Grèce archaïque et le Japon médiéval. Quel soulagement que d'admirer ! Quel baume pour l'âme ! Les valeurs de désintéressement, de loyauté, de pitié pour la souffrance étaient bien universelles et éternelles, puisqu'on les admirait d'un bout à l'autre du monde et de l'Histoire.

Ce qui me séduisait au plus haut point, c'était le fantasme d'un équilibre entre les vertus de paix incarnées par la cour des Heian : érudition, raffinement, urbanité, et les vertus de guerre du régime de Kamakura : force, volonté, frugalité. Nulle opposition entre l'homme d'épée et l'homme de lettres. Nul mépris pour la poésie. Yamato Takeru, archétype du héros japonais, lorsqu'il doit rendre l'âme, écrit un *tanka :* « Ô pin solitaire, ô mon frère ! Si tu étais un homme, je te ceindrais d'une épée ! » Un pilote kamikaze âgé de vingt-deux ans composa ce haïku célèbre avant de monter dans sa torpille : « Si seulement nous pouvions tomber / Comme des fleurs de cerisier au printemps… / Si pures, si lumineuses ! » On peut y voir le délire d'un étudiant romantique gavé du *Hagakure* et de propagande nationaliste. On peut aussi y voir la marque d'une ardeur bouleversante. Sugawara no Michizane, conseiller de l'empereur tombé en disgrâce au début du xe siècle, lorsqu'on le bannit à Kyushu où il trouvera la mort, dit adieu à sa femme et à sa tapée d'enfants, mais il n'oublie pas non plus son cher prunier, dont les fleurs nourrissaient et apaisaient son âme. « Si le vent d'est souffle vers moi, / Ô fleurs de prunier, / Envoyez-moi votre parfum / N'oubliez jamais le printemps / Bien que votre maître ne soit plus là ! » Chênes de France, pardonnez mon ingratitude, j'ai omis de vous saluer !

Une image d'Épinal nous représente les Japonais apathiques et spartiates. Au lycée, mon professeur d'histoire-géographie concluait de larmes vues dans un film nippon à l'influence de la « sensiblerie américaine » sur la « virilité japonaise ». Rien n'est plus faux. Chez les Japonais comme chez les Anciens, la vertu guerrière va de pair avec la sensibilité la plus délicate (Achille est prompt à la colère comme au chagrin). Les héros japonais n'ont nullement honte de leurs larmes ; du reste, celles-ci n'excluent pas le sang-froid. Il n'est pas impossible que ce professeur qui voyait dans les larmes un indice de contamination occidentale se montrât lui-même perméable à la vulgarité américaine. Car ce virilisme grossier selon lequel un homme ne pleure pas nous vient peut-être des États-Unis, pays binaire et puritain, inapte à la nuance, qui balance toujours d'un extrême à l'autre, tantôt dans la guimauve des émotions surfaites, tantôt dans l'impassibilité bodybuildée d'une Sparte de carton-pâte.

Jeune Européen en Grand Tour, je cherche mes racines à Yamato. Car au fond c'est peut-être l'Antiquité que je viens chercher au Japon. Rome n'est plus dans Rome ? Cherchons-la à Nara. Bien conscient que la modernité fait de moi un infirme, oublieux des valeurs du cœur et de l'esprit, je viens ici en pèlerinage, car j'ai entendu parler d'un peuple fier et sensible, vénérant la nature, les ancêtres et les dieux. Si c'était vrai…

Sakaiminato-Tokyo

Il est amusant de voir à quel point nos impressions de voyage sont tributaires du dernier pays traversé. Quittant la monotonie de la steppe sibérienne, ce qui me frappe, au Japon, ce sont les replis d'une terre froissée par les séismes. À l'échelle de la Russie, les monts Oural sont une complication de la plaine. À l'inverse, la plaine du Kanto, sur Honshu, n'est guère qu'une *concession* du relief.

Si Dieu, comme l'imagine Leopardi, a inventé les montagnes pour que les hommes échappent à l'ennui, alors le Japon est un pays où l'on s'ennuie moins facilement qu'ailleurs. On y est toujours *par monts et par vaux*. C'est une île labyrinthique, à recoins et cachettes. Les anciennes chroniques regorgent d'histoires où le héros se perd dans la brume et les montagnes, égaré par une sorcière ou un dieu malveillant. De même, dans les estampes ou les *emaki*, on trouve rarement de vue dégagée, comme si l'artiste avait horreur de l'horizon. Envahi par de longs stratus, le paysage est plus suggéré que découvert. Tout y évoque le secret et l'intimité : le silence éternel de ces espaces finis nous charme. Un trajet de quelques heures en train, de Sakaiminato à Tokyo, suffit à me rappeler cette évidence : ici, l'espace est compté. Le Japon est une nation d'îles, par définition bornées. On ne s'étend pas, on se contient. On ne déborde pas, on se ramasse. Entre le compartimentage d'une boîte à *bento*, l'étonnante minusculerie d'un *bonkei* et le parcellement soigné des vallons d'Izu, je vois une profonde correspondance. Ce goût du fini, cette attention pour le menu détail d'un *inro* ou d'un *tsuba* et même la fameuse frugalité nippone trouvent dans la géographie si ce n'est une cause (grands dieux, pas de déterminisme !), du moins une explication plausible par cette contrainte qu'elle impose de *faire tenir* une quantité d'hommes sur un espace restreint. Notre monde surpeuplé, à bout de ressources, isolé dans l'océan du vide, devra tôt ou tard méditer l'exemple du Japon : se contenter de peu, moins par vertu que par nécessité.

Est-ce un hasard si notre première et notre dernière soirée en Russie ont été marquées par des cuites non préméditées ? Je ne crois pas. L'ivresse vous ouvre les portes de ce pays comme le cœur de ses habitants.

La Russie manie l'emphase : elle se livre en débordant. Le Japon préfère la litote : il évoque beaucoup avec peu (*less is more*). La fameuse « âme slave », dont nous avons pu voir qu'elle n'était pas qu'un fantasme occidental, doit peut-être à l'infini déprimant de la plaine dont on échappe par l'excès. « Plaine, ô mon immense plaine ! » Pour qui connaît l'ennui de la steppe, « il faut être toujours ivre ». Baudelaire (notre champion national de l'acédie) n'avait pas besoin d'aller y voir. La « noire Sibérie », il la portait en lui. S'il existe une « âme japonaise » et si celle-ci, comme on le dit, est toute de retenue et de pudeur, je l'attribuerais aux accidents de cette terre modelée par les typhons, tout en creux et en redents, en criques, bosses, méandres, grottes et forêts. La steppe est ouverte, par conséquent sans mystère. Le Japon, à l'inverse, est forclos par ses montagnes, ses forêts et ses vagues, murailles liquides des estampes d'Hokusai. Ce n'est pas *un* pays, mais cent pays. On n'y adore pas un Dieu, mais mille millions de kamis. C'est à croire que l'animisme est le fils d'une nature luxuriante, et que toute l'histoire de France, avec ses déchirements et ses rebonds, vient de la malheureuse implantation d'un monothéisme dans nos forêts de chênes.

Le Japon est limité et me paraît infini. C'est un chapelet d'îles dont on n'a jamais fait le tour. La Russie est immense et je m'y sens à l'étroit. C'est un continent qu'on traverse d'un trait. Qu'on jette un œil à l'idéogramme *Koku* 国 (pays, nation). Comme bien des mots-images, il parle de lui-même. Pour le tracer, on commence par faire un carré. Au Japon, l'acte fondateur par excellence est bien celui de Romulus : délimiter un cadre. Le contraste entre la Russie et le Japon est à ce point marqué qu'il invite à d'infinies comparaisons ; toutes superficielles, je le concède. Que donnerait leur mariage ? Moi qui n'étais qu'un Celte vernissé de philosophie, je me serais senti cousin de quelque Tartare soumis aux rigueurs du *bushido.*

Dans le Shinkansen qui nous mène à Tokyo, je suis sensible au silence des voyageurs, à l'interdiction faite de manger, à la façon qu'a l'hôtesse de nous saluer en s'inclinant, les bras le long du corps, avant de passer au wagon suivant (elle porte des gants blancs). Cette civilité ne m'étonne pas, elle me soulage : « C'est donc vrai ! »

Tokyo

Si le dépaysement consiste à ne rien comprendre, ce plaisir est chez moi de courte durée et tourne vite à la frustration. Au Japon, je vis que j'avais tout à découvrir et que sept vies n'y suffiraient pas. Je vis aussi que je n'avais plus beaucoup d'argent et qu'il me faudrait compter mes sous. J'aurais voulu voyager en seigneur et n'étais qu'un *rumpen*, un vagabond. Enfant prodigue, frère voyageur ! tu partis vivre la « grande vie » et finis mendiant. À Tokyo, ma consolation fut la bibliothèque de l'Institut français où j'établis mon *bakufu*. De là, je lançais mes plus belles excursions en terre japonaise. Excursions toutes livresques. Pour qui n'a pas d'argent, la lecture est une locomotion (l'imagination n'est rien d'autre que le don d'ubiquité). Du reste, cet enfouissement dans les livres correspondait à un cycle naturel : il y a un temps pour courir les bois, un temps pour l'étude. Après quatre mois de route, c'était une joie de retrouver mon cabinet. Je mettais beaucoup d'ardeur à apprendre car j'avais le complexe du sportif. Intimidé par les *forts en thème*, je me savais en retard de connaissance. Ma vie ne serait peut-être qu'une alternance d'amusantes récréations et de douloureuses sessions de rattrapage.

Nous avions bon espoir de trouver un boulot, car le Japon accueillait la Coupe du monde de rugby. Pendant un mois, les organisateurs débordés nous tinrent le bec dans l'eau. La raison de travailler changeait avec le temps. Au départ, c'était pour se refaire ; bien vite, ce fut pour retrouver l'argent que nous avions perdu à attendre. Nous étions comme le joueur qui s'accroche à l'espoir du banco et aggrave sa ruine en pariant ses derniers jetons. Nous avions arpenté le port de Yokohama à la recherche d'un paquebot en partance. On y allait *au culot*. Chou blanc. Le culot est une de ces grossièretés de *gaijin* que les Japonais ne prisent pas trop.

La mégalopole devint pour nous une prison (ce qu'elle est en effet). Tokyo n'est pas une ville pour flâneur. C'est un univers artificiel et sans nuit que vient animer, l'été, le souffle tiède des typhons. Il faut voir ces grandes tours lumineuses où un millier de hamsters humains s'épuisent sur un tapis roulant. Il faut voir ces ruelles de Golden Gai où une marée d'Occidentaux se pressent pour photographier l'« ancien Edo », c'est-à-dire le « vrai Japon » (car tout ce qui est ancien est authentique et ce qui est authentique est *vrai*). Le « vrai Tokyo » est aussi insaisissable que Protée, et comme lui en constante métamorphose. Plus encore que les temples d'Ise, construits et reconstruits tous les vingt ans selon un plan immuable,

Tokyo est le symbole de l'impermanence. Sa forme change plus vite que le cœur d'un mortel. Que de désastres ! Il y eut les incendies, ces « fleurs d'Edo », réguliers comme le printemps. Il y eut les tremblements de terre, car le pays repose sur le dos du *namazu*, ce poisson-chat qui frétille quand bon lui chante. Il y eut enfin les bombardements de la dernière guerre. Quand on a connu tant de saccages en si peu de temps, on ne s'acharne pas à conserver ce qui est appelé à disparaître. *Shikata ga naï* : tout passe, que pouvons-nous y faire ?

Nous nous promenâmes à Araki-cho, où Nicolas Bouvier avait établi ses quartiers et qu'il n'eût pas reconnu. Habitué à une Europe où le passé et le présent se côtoient, je suis frappé de voir une vieille ville sans aucune référence visible au passé. Ici, l'omniprésence du présent m'agresse. Il y avait une *matsuri*, une procession où le quartier se retrouve pour danser au rythme du tambour. Alors seulement je compris que ce monstre de ville était fait de mille villages, et que certaines traditions étaient encore vivaces. J'avais bien des craintes à mon arrivée à Tokyo. En abordant l'Amérique, Christophe Colomb croyait atteindre Cipango. En atteignant Cipango, croirais-je atteindre l'Amérique ? Ruth Benedict s'interrogeait sur ce qui faisait du Japon une nation de Japonais. Aurais-je à m'interroger, quatre-vingts ans plus tard, sur ce qui en fait une nation d'Américains ? Bref, je craignais les ravages de la mondialisation. Sans rien connaître des Japonais, j'aurais voulu pouvoir en dire ce qu'Hérodote disait des Égyptiens : « [Ils] répugnent à adopter les usages des Grecs, et, pour tout dire d'un mot, ils ne veulent adopter ceux d'aucun autre peuple. » Mais voilà des millénaires que ce pays, telle une huître, laisse filtrer des grains de sable venus de la Perse, de l'Inde, de la Corée et de la Chine, dont il a fait des perles parfaites. Qui sait si ce que nous appelons « occidentalisation » n'est pas la première étape d'un travail de japonisation long de trois siècles ?

La laideur de Tokyo rebute quiconque s'attend à y trouver de jolies pagodes. Je compris vite que la beauté dans ce pays ne se trouve pas dans le plein jour des places centrales, l'ordonnancement des perspectives ou l'élégance ouvragée des façades, mais dans le secret des jardins, l'intimité des salons et des temples, ou tout simplement au coin de la rue. La disgrâce des immeubles en béton, le tape-à-l'œil des publicités sont comme la gaine ingrate qui dissuade le vulgaire et protège, ici et là, de précieuses pépites. La beauté est celée. Elle est niche, alcôve, *tokonoma*, tabernacle ou reliquaire. Elle est refuge, oasis ou retraite. L'Occidental dira que les villes ici sont hideuses et regorgent de beautés de détail. Car la beauté pour lui est une harmonie d'ensemble, un *cosmos*. Le Japonais répondra que la ville n'a pas à être belle, que ce n'est pas d'abord ce qu'on attend d'elle, et que la beauté est *toujours* de détail. Car, dans ce pays, ce sont les dieux, et non le diable, qui se cachent dans les détails. Pour nous, soit le détail est au singulier et alors il n'a pas d'importance (« ce n'est qu'un détail… »), soit il est au pluriel et alors il évoque l'idée de désordre (« se perdre dans les détails », « une *foule* de détails »). Du haïku à l'*ikebana*, ce qui me plaît dans ce pays est la promotion et l'amour du détail, non pas en tant que symbole, comme dans les peintures de la Renaissance, où l'humble escargot, au pied de la Vierge, figure la Résurrection, mais *pour lui-même*. Dans le musée d'Edo, j'admire les insectes d'Utamaro. Le peintre consacre à ses papillons le même amour exclusif, la même attention religieuse que pour le visage de ses courtisanes. La sauterelle nous dit : « Frère humain, apprends que rien n'est méprisable. Ne sommes-nous pas tous les deux des merveilleux fragments de l'univers ? » De la même façon, le haïku n'est rien d'autre qu'un épisode *détaché* de l'existence, qui concentre en lui l'essence de la réalité. Le peintre, le poète (dans ce pays c'est une même chose) ne fait jamais que détailler le monde. Comme Sei Shonagon, dont les *Notes de chevet* ne sont jamais qu'une succession de listes, il désigne, il collectionne, il énumère. Il contemple *par le menu.* On n'aime pas la forêt où règne la pagaille. On aime *tel* cryptomère patiemment élagué. La beauté s'obtient après réduction et sarclage du superflu, comme dans ces photographies de Le Gray où le fût d'un seul chêne suffit à évoquer la forêt de Fontainebleau. Peindre une carpe, c'est peindre l'univers. C'est peindre Dieu, car Dieu est tout entier dans Ses créatures. Ce n'est pas dans l'infini, mais dans le fini qu'il faut Le chercher. « D'un brin d'herbe que tu recueilles, dit le dicton zen, fais un très grand Bouddha doré. » L'*Homo japonicus* focalise. Il cherche une meilleure définition, dans le sens que la photographie donne à ce terme. Il joue sur la précision du rendu. La beauté n'est pas pour lui *en gros*. Elle est nette comme les contours d'une feuille de *momiji.* Il n'est rien de si grand qui ne soit petit d'un certain point de vue. La nébuleuse est immense, mais sa forme en spirale rappelle celle d'un coquillage. Les nébuleuses sont à l'espace ce que les coquillages sont à l'océan : on n'a pas honte de formuler cette hypothèse. L'amour du minuscule comporte un travers : celui qui consiste à préférer la joliesse à la beauté. On ne risque pas de tomber dans le grandiose, le monumental, mais dans l'exquis, le précieux. Ou pire encore, dans ce qu'on appelle ici *kawaii* : le mignard.

Tokyo est un grand saladier où les hommes sont fatigués par le hasard. Tel soir, nous dormions chez des amis d'amis expatriés. Tel autre soir, dans une auberge-dortoir excentrée où se retrouvaient les fauchés de la ville. Tel autre soir encore, dans une de ces *manga kissa*, bibliothèques à bande dessinée où les étudiants sans le sou viennent grappiller quelques heures de sommeil. (C'est là que j'eus l'occasion de feuilleter pour la première fois un manga. Il était question d'un enfant androgyne à la puberté précoce, si j'en crois la taille extraordinaire de la poitrine, qui se battait à mains nues contre un démon hideusement musclé. À la fin du combat, trois perles de sang sur cette chair de lait.) Il y eut aussi quelques nuits sur le trottoir. Il faut avoir dormi tour à tour sur l'asphalte et l'humus pour comprendre à quel point le citadin vit *hors-sol*.

Combien de nuits avons-nous passées dans cette jungle de béton et de verre ! Je me souviens de nos balades dans les *depaato*, ces grands magasins où nous promenions notre indifférence. Nous errions devant les boutiques de luxe, temples du raffinement, où repose en évidence, comme un tabernacle, un unique sac à main. L'objet était beaucoup plus que lui-même, nimbé d'un fantasme d'opulence, comme si ce n'était pas seulement un sac que l'on vendait, mais la richesse elle-même. À la vue de ces vitrines, de ces publicités, de tout ce clinquant qui englue l'homme à ses désirs, j'éprouvais le triomphe du détachement : que de choses je ne désire pas ! J'avais sous les yeux le *ukiyo* de Tokyo, ce monde évanescent, ce « à la mode » transitoire et changeant auquel j'opposais la devise bouddhiste : « *Hoge Jaku* », « Libère-toi de l'attachement aux choses inutiles ». Ce renoncement ne coûte rien, pour peu qu'on ne désire que l'essentiel et qu'on ne soit pas marié. (J'écris : « *ne* désirer *que* l'essentiel » mais il faudrait dire : « désirer l'essentiel », car l'essentiel est tout.)

Si la foule à Tokyo paraît plus uniforme qu'en Europe, c'est qu'en tant qu'étranger, on s'en distingue plus facilement. Je m'amusais de ce contraste : nous autres Occidentaux, nous avons tendance à nous sentir particuliers en tant qu'individus et universels en tant que peuple. Eux nous paraissent très particuliers en tant que peuple, et conformistes en tant qu'individus. Cette foule est si compacte qu'elle éveille des impressions restées en latence dans les capitales européennes. D'un côté, elle m'étouffe. « Ne fais pas trop de cas de ta personne, me dit-elle. Tu n'es qu'un exemplaire dispensable. Demain, tu ne seras plus et ça n'y changera rien. » D'un autre côté, elle m'exalte, car je lui oppose mon vain petit *moi*. Sur les trottoirs d'Omotesandō, noyé dans la marée humaine, je compris que Rastignac était le fils du boulevard. « À nous deux, Paris ! », cela signifie : « Si je ne vaux pas mieux que la foule, je ne vaux rien. » Cette infatuation du *moi* est le réflexe de survie de l'individu à l'ère des masses. La ville moderne explique le romantisme, comme la mégalopole les réseaux sociaux. C'est parce que le *moi* est en voie d'extinction qu'on se prend en selfie. C'est parce que les cultures s'uniformisent qu'on raffole des voyages. L'ère de l'individu commencée par les Grandes Découvertes se clôt avec celle du tourisme de masse. J'imaginais un monde parodique et uniforme, où il n'y aurait plus de voyage ni d'individu, mais des pseudo-voyages et des pseudo-individus. Je fis alors le rêve d'un individualisme à la japonaise, où la personne ne s'affirme pas contre ou aux dépens de la société, mais grâce à elle.

Réflexion sur un haïku

Avec un taureau à bord,
Un petit bateau traverse la rivière,
À travers la pluie du soir.

(Masaoka Shiki.)

Je vois la scène ; j'entends la pluie ; je sens le soir. Il n'y a rien à redire. *No comment.* Si vraiment il fallait parler, on dirait : « C'est un fait. » Le haïku me place devant le fait accompli et ce fait est insignifiant. Il ne m'informe pas. Il ne décrit pas. Il n'exprime rien. Il désigne. On aimerait ajouter : « Et après ? C'est tout ? » Oui, c'est tout. Toute la vie est là, dans ce petit bateau, dans cette pluie du soir et dans ce bœuf qui se laisse docilement porter. Mais l'homme pressé ne comprend pas et répond : « Et alors ? qu'est-ce que ça peut me faire ? » Laissons-le hausser les épaules : la vie ne le concerne pas. L'homme subtil cherche une subtilité. Il a horreur de ce qui est évident. Il aime *saisir* le sens. Il se creuse la cervelle. Il est très cultivé (il faut bien que sa culture serve à quelque chose). Il doit y avoir dans ce haïku une référence savante, un symbole à découvrir. Il ressemble à un homme qui chercherait dans son trousseau la bonne clé pour ouvrir une porte grande ouverte. Il est déçu, car il n'y a rien à saisir. Le sens du haïku est insaisissable pour cette bonne raison qu'il n'en a pas. Ici le poète parle d'un bœuf, là d'une cigale ou d'un brin d'herbe. Il nous dit : « *Voyez !* » Il ne fait pas de littérature mais de la « litterre-à-terre ». Car le *terre-à-terre* n'est pas une insulte dans ce pays où l'on aime la mousse, les rochers et les insectes ; où l'on mange à même le *tatami* ; où la comparaison de l'homme à la fourmi n'est pas plus à l'avantage de l'un que de l'autre. *C'est la vie* : ces quelques mots de français connus, pour je ne sais quelle raison, dans la plupart des pays que nous traversions expriment l'essence de la poésie zen. Je pense à Goethe : « *Le véritable poète a pour vocation d'accueillir en lui la splendeur du monde.* »

« La vie n'a pas de sens » : on croit dire par là qu'elle est absurde. Le haïku me rappelle que la vie se passe de sens et qu'elle n'est pas absurde pour autant. Elle se suffit à elle-même. On entend parfois : « Il cherche un sens à sa vie. » Cette quête passe pour noble, parce qu'elle laisse entendre que l'homme qui l'entreprend n'est pas satisfait ; et l'homme insatisfait rend béats d'admiration les romantiques que nous sommes. Le mystique en herbe, le chrétien qui s'ignore, le voluptueux *en recherche*, voilà ce qui touche le cœur des modernes. Et si la sagesse consistait en l'effort contraire, c'est-à-dire à se passer de sens, et à accueillir le miracle de la vie avec gratitude ? M'interrogeant moi-même sur le sens de la vie (à l'occasion), j'envisage un stade de la recherche où l'on comprend enfin qu'il est indifférent qu'elle en ait un, et celui-ci plutôt qu'un autre. On gagnerait beaucoup à simplement voir le monde plutôt que de lui chercher des raisons, qui sont toujours les nôtres et qui ne valent rien. L'enfant demande-t-il à sa mère : « Pourquoi m'as-tu mis au monde ? » Et la mère a-t-elle à se justifier ? L'enfant ne demande pas des comptes à la vie. Il vit et découvre. Mettons-nous à son école, que diable ! Vivre, mais vivre noblement, cela suffit comme idéal.

Ce discours que je tiens jeune et en pleine santé, qu'en penserai-je dans la souffrance ? C'est là le hic.

Père Pierre

Après quelques nuits sur le trottoir, père Pierre nous avait offert l'hospitalité dans le quartier d'Eitai. Pierre vivait au Japon depuis soixante ans. Il en avait quatre-vingts. Il revenait rarement en France. Était-ce encore son pays ? Il n'était plus vraiment français. Il ne serait jamais japonais. Il était chrétien, apatride, citoyen du ciel. Il accueillait dans sa maison les jeunes déclassés de Tokyo. Le Japon me séduisait pour son ordre, son goût des hiérarchies, son sens du sacrifice (j'y voyais en creux tous mes manques). Mais cet ordre avait un coût. Il n'allait pas sans cruauté. Avec Pierre, il nous était donné de voir l'envers du décor et tout ce qu'une mégalopole suscite de psychoses et de détresse. On se sert du Japon « holiste » pour faire rougir notre Occident « individualiste », puis on y passe un mois et on se dit qu'on ne pourrait y vivre.

Tel jeune homme surmené de vingt-cinq ans abandonne son travail, vit reclus dans sa turne, n'ose plus voir ses amis. Il ne suit pas le rythme ? C'est de sa faute. Il ne lui vient pas à l'idée d'accuser son patron, « la société », les *autres*. Pas un mot d'apitoiement. La culpabilité le ronge. Il est une honte pour ses parents et pour lui-même, un poids pour la société. Il est le clou qui dépasse du plancher et qu'il faut faire sauter. Il se méprise. Qu'on attende un peu et l'idée du suicide, encore à l'état de bouton, s'épanouira en lui comme une rose. Malgré lui, il espère. Il entend parler de Pierre. Il hésite (demander de l'aide à un prêtre : il faut être au plus bas). Enfin, il toque. Il trouve en Pierre non un clerc mais un homme, non pas une bouche qui parle mais une oreille qui écoute. Il n'est pas seul. Une douzaine de jeunes gens, japonais comme lui, souffrent du même mal. Et je vois à Tokyo l'Évangile réalisé : une petite communauté d'êtres fragiles, réunie autour d'un homme bon qui se consacre à les aider. Enfin, je m'interroge : Qu'est-ce que je fais parmi eux ? Oserais-je encore prétendre que ma présence ici tient du hasard ? Certes, Xavier et moi étions sans le sou. Notre rencontre avec Pierre était intéressée : nous cherchions un toit. Mais n'a-t-elle pas aussi valeur de symptôme ? Ces êtres oppressés, inaptes, ces chrétiens en herbe, je crains de me reconnaître des leurs. Ainsi, dans la maison d'Eitai, je considère ma situation de voyageur, à mi-chemin entre Pierre et ses paumés. En prétendant vivre une « parenthèse » après mes études, je donne le change sans parvenir à me duper moi-même. Je suis ici de passage mais qu'on me fasse vivre quelques mois au rythme tokyoïte, pourvu d'un col blanc et d'un attaché-case, et je vivrais chez Pierre à demeure, malade parmi les malades. Je comprends le fond d'inquiétude sur lequel se déroule mon voyage. Je vis en sursis. Cette liberté que je m'octroie ne durera pas. Elle se paiera cher.

Et Pierre, que fait-il ici ? A-t-il ressenti un peu de mon malaise pour partir à vingt ans à l'autre bout du monde ? Quelles raisons l'ont poussé à quitter son pays pour donner sa vie à des inconnus ? À ce genre de question, on répond parfois : « Le goût de l'aventure. » Le goût de l'aventure n'explique rien. Il est le symptôme d'autre chose. Je réalise en interrogeant Pierre qu'il a connu, à mon âge, le même sentiment d'incompatibilité avec la société dans laquelle il grandissait. Il n'aimait pas le Vatican non plus. Il avait trouvé dans la Mission une manière de concilier son appartenance à l'Église et la critique qu'il avait contre elle. Il avait voulu vivre dans et hors de l'Église, comme je rêvais de vivre au cœur et en marge de la société, comme Xavier, en chrétien, cherchait à vivre dans le monde et hors du monde.

Je ne suis pas étonné d'apprendre qu'à l'origine de la vocation de Pierre, il y a le traumatisme de la guerre. Quelques mois après notre passage à Douaumont, je la rencontre à nouveau, cette guerre que je me surprenais parfois à désirer, non pour sa violence, qui me répugne, mais parce qu'elle enseigne une sagesse qu'on ne trouve pas ailleurs. Je croyais qu'un homme qui a connu le front acquiert de la vie une vue plus haute, souverainement détachée, capable de distinguer une fois pour toutes ce qui compte vraiment et ce qui ne compte pas. Ce regard intelligent qui met chaque chose à sa place, source d'une liberté supérieure, me semblait suffisamment précieux pour qu'on le cherchât au péril de sa vie. C'est cette sagesse que je cherchais dans le voyage.

« En Algérie, tout ce que je tenais pour indigne d'un homme était encouragé, me dit Pierre. Et il faut obéir, car "les ordres sont les ordres". Un soir, on apprend qu'un officier vient de se faire tuer. Alors on sort pour tuer. Qui ça ? Quelqu'un… on trouvera… Dent pour dent. On a un ticket… Quand on fait une perquisition, pas question d'être aimable : il *faut* shooter dans les gamelles, il *faut* renverser les tables, il *faut* cogner… »

Dégradé par la violence, Pierre revient en France comme une bête fauve. Le Christ l'y attendait de pied ferme. Conversion fulgurante. Il ne garde pas un bon souvenir du séminaire. « Ce que je voulais, c'était vivre l'Évangile… apporter un message de pardon et de paix. Faire connaître cet Amour qui m'avait brûlé au sortir de la guerre et sans lequel je n'aurais pas survécu… Et voilà qu'on me parlait de transsubstantiation, de grâce efficace… Et puis, les copains restés au pays me parlaient d'appartement, de carrière, de salaire… je ne comprenais plus rien… j'étais perdu… je ne parlais plus la même langue… » Il entre à la Jeunesse ouvrière chrétienne. On l'envoie en Extrême-Orient pour toujours. Après soixante ans passés parmi les Japonais, il nous dit : « Je ne serai jamais des leurs », et cette phrase profonde : « Ils ne me confient que ce que je peux absorber. » Humilité de cet homme qui avait passé la plus grande partie de sa vie avec des Japonais, qui leur avait tout sacrifié, mais qui n'était pas sûr de les comprendre. Pierre ne forçait pas la confidence. Il ne s'insinuait pas. Il écoutait. Il n'imposait pas son espérance, il la proposait. Je croyais que la foi s'accompagnait toujours d'intolérance (comment peut-on tolérer l'*erreur* ?). Un bon chrétien, en somme, était intolérant avec amour. Mais je compris avec Pierre que la tolérance est peut-être plus le fait des religieux que des athées. Un croyant solidement ancré dans sa foi est mieux disposé à comprendre et à admirer un croyant d'une autre confession qu'un homme coupé de Dieu, pour qui la foi n'est jamais qu'une aimable superstition ou un ferment de fanatisme.

Pierre offrait une image opposée de celle que je me faisais des missionnaires. Car la question de la Mission m'occupait au Japon depuis que j'avais aperçu un clocher pseudo-gothique, dont les gargouilles m'avaient paru aussi *déplacées* qu'un totem africain en Sibérie. Implanter le christianisme en Extrême-Orient, c'était greffer un palmier en Laponie : à moins d'exercer une violence inouïe sur les âmes, de modifier artificiellement tout un climat spirituel, ça ne pourrait jamais prendre. J'étais trop moderne pour comprendre l'évangélisation. Voilà un peuple civilisé qui depuis des siècles entretient un rapport sain avec ses dieux. Qu'a-t-on besoin de le sauver ? Que les chrétiens se sauvent eux-mêmes. Chacun ses dieux, chacun son *tao*, et tout ira bien. L'évangélisation tenait pour moi du gâchis. Enfin des hommes étrangers au péché originel, qui aiment le monde tel qu'il est ! Un peuple méprisant la métaphysique, pour qui il n'y a pas d'après-vie qui tienne, qui n'est pas empoisonné par nos dualités entre l'âme et le corps, l'éternité et le temps, l'intelligible et le sensible, l'ici-bas et l'au-delà ! Un peuple poète, pour qui l'apparence est le réel et qui n'a pas cédé à la tentation de mépriser la terre ! Un peuple dont les yeux noirs peuvent regarder le soleil et la mort en face – la mort n'est pas plus un scandale qu'une vague qui s'échoue sur la grève ! Un pays où le suicide n'est nullement une « fureur diabolique » (le

Dieu des chrétiens ne tolère pas qu'on meure à sa barbe), mais un acte réfléchi et courageux ! Un peuple encore capable de mépris ! On venait leur apporter le péché, la culpabilité et l'espérance, eux qui ne connaissaient que la souillure, la honte et l'honneur. On venait leur apporter l'idée de « personne », eux qui s'étaient défaits depuis des siècles de la sotte idée d'être quelqu'un. J'admirais un pays qui avait eu, devant le christianisme, une réaction saine : le rejet, que les Romains n'avaient pas su tenir jusqu'au bout. Autant l'isolement des Tokugawa était délétère, autant la réaction de Hideyoshi, premier persécuteur des chrétiens, était un indice de vigueur. Quand on se sent menacé, on prend ses mesures.

Dira-t-on que ma réaction était celle d'un chrétien remonté contre la foi ? À la réserve de Xavier, je vis qu'elle n'était pas étrangère aux croyants eux-mêmes. Non, il n'était plus possible pour l'Église de baptiser à tour de bras (François-Xavier, dit-on, en avait des crampes). Plus respectueuse de la foi d'autrui, elle gagnait en valeur ce qu'elle perdait en pouvoir. J'avais sous les yeux l'Église minoritaire des derniers chrétiens. Retrouvait-elle enfin, dans le secret de quelques âmes, la place qu'elle occupait avant que la chute de Rome n'en fasse le substitut de l'Empire ? Pierre ne voyait pas les choses de cet œil. « L'Église est finie. Elle n'évangélise plus : elle administre. Elle n'est plus missionnaire. Elle est bourgeoise. Elle n'ose plus. » *Pierre, tu es pierre, et sur cette pierre...*

À Tokyo, un couple de Japonais peut se marier « comme en Europe ». Ils font appel à un prêtre qui les catéchise en une heure. Puis ils ont droit à une sortie de messe avec de belles photographies. Cette folklorisation du rite est une des choses les plus tristes que j'aie vues au Japon.

Quelques portraits

Saigo disait lui-même avec ironie qu'il était un « chrétien caché », en référence aux croyants de Nagasaki qui avaient continué à pratiquer leur foi sous les Tokugawa. Le crucifix siégeait à côté des tablettes ancestrales dans son *butsudan* domestique. Au Japon, où le shintoïsme, le bouddhisme, le confucianisme ont coexisté sans trop de heurts pendant des siècles, le christianisme rejoignait d'autres croyances, sans les exclure. Chez Saigo, nulle trace d'*odium theologicum*, plaie des monothéismes. Il jouait à l'harmonium de l'église tous les dimanches et assistait au culte shinto. Pour lui, nulle contradiction. Chacun de ces rites faisait partie de lui. Il ne pouvait renier l'un d'entre eux sans se renier lui-même. Je trouvais beau qu'un homme attiré par le Christ ne lui sacrifie pas ses plus antiques traditions. Je crois savoir que cette foi à la japonaise n'est pas une exception. Inclusive plutôt qu'exclusive, elle assimile différents cultes sans pour autant les mélanger en un éclectisme vaporeux. Ce qui était équilibre chez le père, cependant, était déchirement chez le fils. Mioko devait avoir entre vingt-cinq et trente ans. De père japonais, de mère française, il avait habité dans l'un et l'autre de ses pays d'origine. Quand il était en France, il ne se sentait pas tout à fait français, ni tout à fait japonais quand il était au Japon. Il était l'un et l'autre, ni l'un ni l'autre. Partout, il était le *gaijin* (littéralement, le « gars du dehors »). Nous le rencontrions à un moment où ce malaise atteignait un point de crise. Il dormait jusqu'à quinze heures par jour. Nous ne pouvions pas l'aider. Il était seul. Il connaissait le mal-être des *ainoko*, les « mélanges ».

Je me souviens également de Victor, un informaticien d'une vingtaine d'années qui travaillait au Japon depuis un an. Deux nuits par semaine, il roulait à 250 km/h sur la rocade de Tokyo. J'hésitai à le croire, habitué aux strictes limitations du périphérique parisien. Après m'avoir montré une vidéo attestant sa folie, il m'expliqua que la police japonaise autorise les excès, à condition seulement de respecter certaines règles. La moindre infraction à ce « droit coutumier » entraînait une répression sévère. On laisse faire tant que le mal est sous contrôle. Ainsi, à partir de minuit, les chauffards peuvent donner libre cours à leur passion. L'infraction est autorisée : ils désobéissent dans les règles. Victor m'assurait qu'il n'y avait jamais d'accident. Les pilotes savent s'arrêter quand il faut. La police les a à l'œil. « Au moindre impair, on est foutu. » La morale est saine : autoriser le mal dans une certaine mesure pour mieux le contrôler. Permettre un certain excès, puisque celui-ci répond à un besoin de notre nature, pour éviter un débordement plus grave. Accorder aux têtes brûlées (il y en aura toujours) de satisfaire leur goût du risque dans des conditions précises, pour leur éviter de mettre en péril la vie des autres. Bref, être excessif avec mesure, imprudent avec raison. Victor avait fait du périphérique un tourniquet. Il tournait, tournait jusqu'à l'ivresse. À défaut de souris, le chat d'appartement court après sa queue et roule sur lui-même (si les souris voyaient ça, elles rigoleraient bien). Ainsi de l'homme des villes.

Je regardais Victor, sympathique, enjoué, « bon gars », pas cinglé du tout. Visiblement, cela le rendait joyeux de risquer sa vie de temps en temps. Sans doute, un psychanalyste ne l'aurait pas trouvé normal. Victor aurait avalé des pilules et tout serait rentré dans l'ordre... L'obsession de la sécurité signale mieux la folie que le goût du risque, et l'idolâtrie de la vie me paraît plus délétère que le mépris de la mort. « Celui qui garde sa vie la perdra. » C'est en jouant sa vie qu'on répond enfin à ce qu'elle exige de nous. Qui sait ? Victor qui ne semblait pas trop craindre la mort avait peut-être l'étoffe d'un héros. Il ne lui manquait qu'une noble cause.

Tokyo-Chikuma

Une amie française nous avait mis en contact avec Eriko et Hisaji Doko, qui nous invitaient à Chikuma, au sud de la presqu'île d'Izu. Dans le tortillard qui nous y mène, une chose me frappe, c'est la laideur des villes et la compacité des forêts. Le magma urbain a obturé chacun des vallons, épargnant quelques îlots de montagnes boisés. On ne cesse de balancer, au Japon, entre des couples d'impressions contradictoires et complémentaires : celles du fouillis et de l'épure ; de la selve et du jardin ; du vide et du plein ; de la discipline et du désordre ; du conformisme et de l'excentricité. Ici, la joliesse s'accommode de la brutalité et même de l'horreur. C'est comme si ce peuple, parce qu'il s'est ménagé quelques espaces de pure beauté, se sentait autorisé à pourrir le reste. Un jardin, un bois sacré, un temple le dédouanent de toute agression du milieu naturel. Je pense à nos « monuments historiques » européens, ces reliquaires du passé jalousement conservés, mais isolés dans des villes de plus en plus laides. On dit que le Japon s'occidentalise. Sur ce point, l'Europe se japonise.

À la vue de ces montagnes cernées de villes, il me semble que l'homme ici ne vit pas *en harmonie* avec la nature, comme on le dit souvent. Ou alors il faut se mettre d'accord sur ce qu'on appelle « nature ». Si par « nature » on entend « sauvagerie », alors nulle harmonie. Cette nature-là est maintenue à distance et saccagée comme ailleurs. Sur les montagnes, où l'on ne s'aventure pas, la nature fait ce qu'elle veut. Mais parmi les hommes, elle n'a droit de cité que travaillée par la main impitoyable du jardinier. Abandonnée à elle-même, la nature n'est pas belle. Il faut la dominer tout en lui obéissant. La contraindre sans la contrarier. En un mot : l'éduquer. Car la nature, toujours jeune et pleine de promesses, est rebelle et n'en fait qu'à sa tête. Il lui faut une bonne correction. Aussi a-t-elle besoin d'un « maître et seigneur ». Un « maître et seigneur », ce n'est pas un tyran mais un éducateur. Et un bon éducateur aime son élève du plus pur amour et ne désire rien d'autre que sa perfection. Le jardin est le lieu de cette éducation. L'homme y parachève la nature mais toujours en s'effaçant derrière elle. Il la domine humblement. Il ne l'inonde pas de géométrie, comme dans nos jardins à la française. Il respecte ses secrètes inclinations. Jamais je n'ai vu une si parfaite coopération entre l'homme et la nature que dans le jardin Nezu, à Minato. Chacun y met du sien, et du meilleur. Alors seulement on peut parler d'harmonie. La nature, grâce à l'homme, est réconciliée avec le vide.

En somme, ce pays est cohérent. Si l'homme fait partie de la nature, il est normal que l'un et l'autre soient soumis au même traitement. Ici, les enfants, paraît-il, ont d'abord toute liberté, puis il arrive un moment où il faut leur apprendre la discipline, car c'est en se maîtrisant, et non en n'en faisant qu'à sa tête, qu'on donne le meilleur de soi. Les enfants mal éduqués sont égoïstes. Ils marchent sur les pieds des autres. Idem pour la nature (il n'y a qu'à voir une forêt vierge : c'est chacun pour sa gueule). Il faut lui apprendre à se contenir.

« Naturel », pour nous autres Occidentaux, cela signifie : libre, informel, transparent, spontané et donc *vrai*, selon ce préjugé qui veut que la spontanéité soit gage de vérité. Pour les Japonais, c'est le contraire : est vrai ce qui est pudique, voilé, contenu ; est naturel ce qui est policé. Car enfin si le sens du mot « naturel » est bien : « qui a accompli sa nature », alors il faut admettre qu'on ne s'accomplit pas en se laissant aller mais en se soumettant à de justes règles. En jouant sur les mots, on pourrait dire que la nature a besoin de l'homme pour être naturelle. Sans l'homme, elle n'est que sauvagerie, *wilderness*. Cette confusion entre nature et sauvagerie est en fait la même qu'entre liberté et anarchie. La liberté n'est pas l'absence de lois. Elle est au contraire la capacité à s'en prescrire. De la même façon, la nature n'est pas l'absence de contraintes, ni le résultat d'une heureuse négligence. Elle est le mariage d'un libre jaillissement et d'un ordre, qui lui-même est bon et naturel, car inhérent à l'homme. Cette identité entre jardinage et éducation, je la trouve confirmée par le témoignage d'Etsu Inagaki Sugimoto, fille d'un ancien samouraï de Nagaoka. Elle raconte avoir découvert l'indépendance d'esprit occidentale dans l'école méthodiste de Tokyo, où son professeur américain lui laissa la liberté de planter des graines à sa guise. Semer *au petit bonheur*, voilà qui était pour elle une émancipation. Ou pas… Certains affranchis demeurent esclaves.

Nous arrivâmes seuls chez nos hôtes, à Chikuma. Ils devaient nous rejoindre le lendemain. Nous étions en pleine campagne. La nuit était tombée. Nous n'entendions plus le tapage diurne de nos voisines les cigales. Celles-ci font ici un vacarme qu'on a peine à imaginer en France. Les Japonais y sont habitués. Le prince Genji n'en importait-il pas depuis des landes lointaines pour se réjouir de leur chant ? Au ciel, une moitié de lune, nette, tranchée au sabre.

Chikuma

Nous habitions un pavillon tel qu'on en voit dans les estampes. Pas de murs, mais des cloisons, ni de portes, mais des *shôji* amovibles (on ne peut pas *claquer* la porte). C'est la « maison avec presque pas de murs » rêvée par Jacques Brel. En guise de clôture, il y a les *fusuma*, ces parois à glissière disposées sur des rails. De même, on peut enlever les *amado*, les volets de bois.

La maison serait-elle démontable ? C'est une maquette à taille humaine. Surélevée à un mètre du sol, l'impression qui domine n'est pas celle de solidité mais de légèreté, que conforte d'ailleurs le choix des matériaux : bois, verre, papier. Les poutres, le parquet, le *washi* (papier de riz) nous rappellent que le Japon, avant de rejoindre l'universelle civilisation du plastique et du béton, était une civilisation du bois et du papier (peu de maçons, beaucoup de charpentiers). Ici, pas de chape. Rien qui n'enracine pesamment la maison au sol. L'élément lourd est au contraire le toit aux larges tuiles (ce toit-xylophone sur lequel vient pianoter la pluie). La maison est tantôt ouverte à tous les courants d'air, tantôt enclose dans une intimité de cocon. Est-on dedans, dehors ? On est à la lisière. Le *tatami* lui-même est à mi-chemin entre le plancher et le parterre de mousse. Les chambres sont pleines de vide, comme des *kanjis*. Pas de lit ni de bibelots. Aucun de nos meubles inamovibles. Rien de ces choses ou de ces pseudo-choses qui ne servent qu'à occuper la place, tout juste bonnes à être achetées, à jeter. Rien de ce faux chic, de cette pacotille d'objets « qui peuvent toujours servir », « qui font joli ». Ordre, dénuement, simplicité. Le luxe apparaît ici pour ce qu'il est : une vulgarité. Quant aux coussins dont on encombre nos sofas en France, c'est bon pour un peuple d'avachis. Au centre de la pièce, un ventilateur. Dans un coin, une planche de surf. Jamais je n'ai vu de lieu où travailler et se reposer aient un sens aussi proche. Il faut imaginer la pureté d'une cellule, sans austérité. C'est ici qu'on aimerait renoncer. Car si cette maison pouvait parler, voilà ce qu'elle dirait : « Ta maison en France est pleine de choses, et plus vide que moi. Moi, je suis vide et je te

satisfais. Ta vie aussi est encombrée de choses. Délaisse-toi et tu seras le plus riche des hommes. Tout ce que tu possèdes fait obstacle au puissant bonheur dont je te sais capable. *Renonce.* Il n'y a qu'un pas à faire. *Renonce.* »
Je veux goûter aux délices de l'ascèse. Je me mets à l'école du farniente oriental : j'apprends l'oisif-thé.

La maison donne sur un jardin clos, plus vide que nos cloîtres et pareillement ouvert sur le vide du ciel. Le jour, il fait une telle chaleur qu'on comprend le principe de cet habitat. Tandis que nos maisons occidentales, avec leurs murs épais, sont bâties pour se protéger du froid, les leurs sont bâties pour se prémunir des chaleurs moites de l'été. Nous nous emmurons. Ils s'aèrent. Ici, on ne se coupe pas du grand air. On le fait entrer. Cabane, chapelle, nid : la demeure des Doko est à l'intersection de ces trois termes. Ou encore : elle fait penser à ces petites maisons à claire-voie suspendues aux branches des arbres pour nourrir les oiseaux. La maison ne tranche pas avec la nature : *elle en est.* Plus tard, quand Momo et Tomo, les filles de nos hôtes, légères, gracieuses, menues, sautaient pour entrer et sortir de la maison, elles me faisaient penser à de petites mésanges.

Quelle ne fut pas ma surprise quand je tombai, de l'autre côté de l'entrée, sur un fourbi qu'on dissimulait à la vue des invités, où était entreposé tout un bazar de meubles ! Le dépouillement du salon n'était donc qu'un *bluff* ? Nos hôtes rangeaient leur intérieur comme les enfants leur chambre : en tassant sous le lit. Je me demandai alors si l'épure recherchée par l'esthétique zen n'était pas une réaction au désordre apparent de la nature : le contact avec la jungle suscite un besoin de faire *place nette.* Je fis cette hypothèse, car j'avais moi-même grandi dans une maison en foutoir. Mon père avait horreur du vide et la moindre surface disponible était envahie de livres ou de bibelots. Nous menions, ma mère et moi, une guerre sisyphéenne contre la contagion des choses. Cette phobie de l'encombrement ne me disposait pas à aimer mon époque. Ainsi, lorsque mon professeur d'économie m'expliqua à seize ans qu'un entrepreneur devait « créer des besoins », à moi qui voulais les réduire à l'essentiel, je pensai aussitôt : « Le capitalisme, voilà l'ennemi ! » Dans ma maison encombrée, j'avais fait de ma chambre une *Sukiya*, une Demeure du Vide. Je voulais qu'il n'y eût rien. Rien que *Mu* 無, le néant. N'étaient admis dans ma chambre que quelques objets sans valeur mais embellis par leur isolement, et comme nimbés de vide. Alors seulement j'étais moi-même. Saturés de superflu, étouffés par le bric-à-brac des babioles inutiles, nous sommes des millions, je crois, à connaître le même ras-le-bol. Mon voyage lui-même est le symptôme de ce désir de dépouillement. Oserais-je dire que le *design* en est un autre ? La boutique Apple, église sévère où se célèbre le culte de l'objet, concentre en elle toute la contradiction de notre époque schizophrène : elle met au premier plan l'épure pour mieux vendre les gadgets qui encombrent nos esprits.

Nous savions que ce genre d'habitation était de plus en plus rare, remplacée l'une après l'autre par des bâtisses en béton. Nous avions constaté à Tokyo que les édiles et les promoteurs n'ont aucun scrupule à raser de vieilles maisons. Bref, nous découvrions le Japon par ce qu'il a de plus « typique », et de moins significatif. Les Tokyoïtes sont aussi étrangers à cet habitat que je le suis moi-même. Notre situation ressemblait peut-être à celle de ces communistes français qui débarquaient en URSS avec un enthousiasme préétabli. Ils se faisaient montrer des « parcs de culture », des écoles et des usines modèles, et revenaient ravis, abusés par cette mascarade.

L'ironie, c'est que nous découvrions le Japon traditionnel à quelques kilomètres du premier port ouvert au commerce mondial par les *bateaux noirs* du commodore Perry. Cet *hortus conclusus*, ce Japon miniature dans lequel nous vivions, symbolisait par sa clôture la contradiction inhérente au tourisme : Occidental au Japon, seul m'intéresse le fantasme d'un Japon épuré de l'Occident. Nous aimons que notre monde soit ouvert, pour y visiter les restes de cultures qui n'ont pu s'épanouir que parce qu'elles étaient relativement fermées aux immixtions étrangères. Tout autant qu'un divertissement de masse, le tourisme est l'expression de notre mauvaise conscience. Avec ses « parcs à thème », ses « éco-villages », ses « circuits authentiques », il nous maintient dans l'illusion que ce que nous avons détruit existe encore. Car ce qui nous enchante, nous l'avons détruit. Cortés, notre lointain aïeul, symbolise cette contradiction, lui qui commença par saccager les temples aztèques puis prit des mesures pour en conserver les vestiges. En tant que voyageur, je suis à moi-même haïssable : je participe de cette mondialisation dont je déplore les conséquences. Le désir de voir le « *vrai Japon* » fait de moi un vrai touriste.

J'admire la cohérence d'Arthur Waley, éminent sinologue britannique, qui refusa toujours de se rendre dans ces pays d'Extrême-Orient dont il connaissait la langue et la culture mieux que tout autre. Sans doute, Waley savait que la mondialisation était inéluctable.

Il n'ignorait pas qu'elle était en germe bien avant les Grandes Découvertes, dès l'envoi des Apôtres, dès la fondation de Rome. Seulement, il ne voulait pas s'en rendre complice. Je ne doute pas qu'il ait admiré ces samouraïs intransigeants des débuts de l'ère Meiji, qui méprisaient les Occidentaux comme des Barbares. Ces contempteurs de la modernité ne passaient pas sous une ligne télégraphique sans se protéger d'un éventail blanc. Ils gardaient sur eux un sachet de sel pour se purifier quand leur regard tombait sur une redingote. Certains de ces récalcitrants finirent fauchés par la mitraille, sabre en main (car ils dédaignaient la poudre). Voilà une fin honorable, pour qui a le courage d'assumer son mépris jusqu'au bout.

O-bon

J'avais trouvé le moyen de me fouler la cheville. Limité dans mes déplacements, je restais au jardin. J'avais là un remède à la bougeotte, un anti-voyage. J'étais acculé à la contemplation. « Qu'ai-je besoin d'aller voir ailleurs, pensais-je, quand le monde entier est contenu dans ce brin d'herbe ? Que vaut ma curiosité pour l'étranger quand je manque de curiosité pour la terre que je foule ? Ce n'est pas la quantité de choses vues qui fait l'artiste, pas plus que c'est le nombre de lectures qui fait le sage. Si je suis aveugle à la beauté du lombric, je suis aveugle à celle du tigre. Si je ne sais pas voir la beauté de la fougère, je ne saurai pas voir celle de la rose. Et que m'importe la splendeur de l'or puisque ce granit tatoué de lichen suffit à me ravir ! La beauté est divine et ordinaire. Le miracle est là qui nous entoure et nous ne le voyons pas. Il nous pénètre et nous ne le sentons pas. Le rossignol ajoute sa voix au cantique de l'univers mais nous, pauvres humains, nous maugréons dans notre coin, c'est-à-dire dans nos villes. Amis artistes, au travail ! Le monde est beau, il faut y mettre du sien. » Mais alors à quoi bon voyager puisque *tout est là* ? Réponse : pour voir enfin ce qu'on a sous les yeux, il faut parfois se mettre en marche. Le voyage n'est rien d'autre que cette mise en branle qui nous rend un peu plus attentifs à la beauté du monde. En ce sens, une balade de vingt minutes autour d'un pâté de maisons est un voyage, si elle me fait enfin voir le chat pelotonné sur un muret, le vieux qui bâille sur son banc, le lombric qui se tortille sur le bitume, et qui attendait notre secours.

Je boitillais parfois jusqu'à la plage, où s'écrasaient à grand fracas des rouleaux plus clairs que le ciel, entre des mornes couverts d'une canopée compacte, impénétrable, comme si tous les arbres participaient du même tronc invisible. Les *surfeurs*, ces hommes-vagues, ces *ronins* modernes, attendaient le bon moment, indolents comme des mouettes – tout de souplesse, d'attention et de force. Le corps des Japonais m'étonnait, en particulier les articulations – chevilles, poignets, nuque –, où se concentrait la grâce d'une chair épargnée par les marques de l'âge. Des femmes se faisaient photographier les fesses, juste devant moi. Je n'ignorais pas que c'était ici même, à Shimoda, que Mishima termina son dernier roman, dont le titre français prenait ici une résonance baroque : *L'Ange en décomposition*[1]. « Se peut-il que vous ne teniez qu'à vivre, acceptant un monde où l'esprit est mort ? » criait-il à la piétaille assemblée dans la cour du ministère de la Défense, quelques minutes avant de se faire *seppuku* (car il voulait voir ce qu'il avait dans le ventre). Les soldats n'entendaient rien. On lui lançait des insultes. Un hélicoptère couvrait le son de sa voix. Mais qu'importent l'hélicoptère et la soldatesque. Les paroles de noblesse portent plus loin.

Le soir, c'était l'*O-bon*, la fête des morts. Ici, la « Toussaint » n'a pas lieu au mois le plus triste de l'année mais au cœur de l'été. Manière de dire (du moins je l'interprète ainsi) : la mort n'est pas si grave ; les morts sont vivants. La coutume veut que l'on place, au seuil des maisons, des lumignons pour guider les défunts. Il en flotte quelques-uns sur la mer, comme nos âmes sur l'insondable mystère. Et toute la nuit se constelle d'une signalisation funèbre. Nos hôtes nous emmenèrent voir le feu d'artifice sur la plage.

« Oooh !… aaaaah ! » criaient les spectateurs à chaque explosion. Pour ma part, les feux d'artifice m'ennuyaient toujours, passée la première gerbe. Ces Japonais ne s'en lassaient donc pas ? Je me rappelais la *matsuri* à laquelle nous avions assisté, Xavier et moi. La danse consistait dans les mêmes gestes simples : un *kata* répété à l'infini. L'un après l'autre, les spectateurs entraient dans la ronde, dessinaient avec leur main le même *kanji* invisible puis se retiraient. Je me souvenais aussi de ces salles de *pachinkos* où des centaines d'individus font rigoureusement le même geste jusqu'à l'abrutissement, et de ces

1. Ou *L'Ange pourri*.

restaurants où les *sushis* défilent à volonté sur un plateau roulant, et de ce sanctuaire d'Inari à Fushimi où mille *torii* sont alignés comme dans un rêve. Ce peuple aime à s'hypnotiser. Il aime le « encore et encore ». Les feux d'artifice lui font peut-être l'effet d'un *mantra* visuel.

« Oooh ! aaaah ! » continuait la foule. Exclamations merveilleusement enfantines. Bien des élégies japonaises contiennent une onomatopée, qu'on ne peut traduire autrement que par « Ah ! » (« Ah ! les fleurs de cerisier ! »). Nous risquons de la trouver un peu mièvre, emphatique. Mais lorsqu'on est au Japon, on voit que rien n'est plus courant que ces « Ah ! ». Le plus souvent, ils sont une manière de témoigner son intérêt. Cela signifie : « Cela est intéressant, continuez, je vous écoute. » Ce n'est pas un cri ni même une exclamation. Il n'est pas *poussé*, mais *dit* avec retenue. Comment traduire une onomatopée ? Sur la plage de Shimoda, je me demandais si je n'avais pas sous les yeux la plus parfaite illustration de ce fameux *mononoaware* – littéralement, le caractère « ah ! » des choses –, cette poignante émotion que l'évanescence des êtres suscite en nous, et qui n'a rien à voir pour autant avec la *vanité des vanités* de l'esthétique baroque. N'y a-t-il rien de plus éphémère que les feux d'artifice, ces fleurs d'un instant ? Plus tard, je devais rougir de cette pensée à la lecture de ce haïku de Basho :

Comme il est admirable,
Celui qui ne pense pas : « la vie est éphémère »,
En voyant un éclair !

Léda

Avant de quitter le Japon, nous voulions voir Léda, une amie de la famille accueillie par mes grands-parents il y a trente ans. Je connaissais simplement l'histoire de sa rencontre avec mon oncle Martin, le père de Xavier. Jeune officier embarqué sur la *Jeanne*, Martin avait croisé Léda à l'Institut français de Tokyo. C'était une jeune Japonaise à la peau de lait et aux yeux d'obsidienne, jolie et délicate comme une porcelaine de Saxe. Elle avait lu Flaubert et Stendhal et parlait un français superbe, c'est-à-dire désuet. Martin lui avait lancé : « Viens donc à Paris ! », comme on propose à un voisin de prendre le thé. Léda le prit au mot et se pointa six mois plus tard à la maison.

Arrivée à Paris, Léda déchanta. Les Français ne se foulaient plus. Ils laissaient à leurs monuments et leurs ancêtres le soin d'être nobles pour eux. « Mais, ma pauvre Léda, lui disait ma mère, les Français ne sont pas *tous* des chevaliers ! » Léda pleurait. Elle avait eu besoin de la France comme j'avais besoin du Japon. Nous nous étions fait du pays de l'autre une image à notre convenance, qui correspondait à un manque, complétait une insuffisance. Ainsi, la dignité, le dévouement, le raffinement dont j'affublais « les Japonais » à distance, il me suffit de les retourner pour obtenir les défauts que j'attribue à mon propre peuple : veulerie, ingratitude, vulgarité. Et l'indépendance d'esprit prêtée aux Français par Léda était l'image inversée du conformisme qu'elle déplorait au Japon.

Léda nous avait donné rendez-vous dans un de ces restaurants haut perchés vers lequel un ascenseur vous propulse en cinq secondes. Notre rencontre fut pour elle un choc, car elle crut voir nos pères (nous étions, paraît-il, leur portrait craché). Elle fut aussi un choc pour nous, quoique à retardement. Car à travers Léda je fis connaissance avec le jeune homme qu'avait été mon père. J'avais vécu jusque-là sans jamais me figurer que mes parents avaient eu mon âge, et que le monde avec eux s'était passé de moi. « Mon père, comment était-il à vingt-cinq ans ? Quel effet faisait-il sur les autres ? Au juste, qui était-il ? » Je posais à Léda ces questions comme si j'avais voulu répondre à ce fameux *koan* : « Quel était mon visage avant que mon père et ma mère se fussent rencontrés ? Où étais-je avant ma naissance ? » (À cette devinette, ma mère apportait une solution magnifique, et non moins énigmatique : « Tu étais dans la pensée de Dieu. ») Dans tout ce que Léda disait de mon père, je me reconnaissais. L'ironie du voyage me frappa au cœur : plus je m'éloigne de mon pays, de ma famille, plus je vois à quel point ils me définissent. Je suis signé. Comme Énée, je porte mon père et ma patrie à l'autre bout du monde. Je me reconnais fils, tributaire d'un legs inaliénable que je n'ai pas choisi et qu'il me faut honorer. Je vois enfin qu'on ne se fait pas tout seul et qu'être homme, c'est avant tout cela : se sentir solidaire. Léda me le faisait comprendre. Sa politesse était admirable. Admirables, sa culture, sa stupéfiante maîtrise du français. Je l'admirais, elle, et, à travers elle, le Japon. Si je me comportais comme un rustre devant Léda, je faisais honte non seulement à mes parents mais à mon pays. Et à l'inverse, si mon pays, mon père s'humilient, c'est moi-même qui suis humilié : leur déchéance est la mienne. Je suis solidaire, pour le meilleur et pour le pire.

Je ne pourrai jamais faire « bande à part ». Et je voulus ce soir-là que mon père fût fier de moi, pour qu'il soit fier de lui-même. Je voulus faire mieux que lui, pour être digne de lui. Je comprends mieux le mystère de la charité. Être solidaire de l'homme qui souffre, de la vieille dame qui peine à monter les marches, du chien qui boite, et jusqu'à l'étoile qui scintille, jusqu'à la fourmi qui porte son fardeau. Rien n'est méprisable, car tout est plein de Dieu. Nous participons de Lui. « Rester tout pénétrés de compassion pour tous les êtres vivants, voilà qui signifie salut et divin savoir. » Cette phrase tirée des *Trois Sagesses* de Nagarjuna, ne la croirait-on pas de saint François, ce *bodhisattva* d'Assise ? *Compatir* : l'idéal suprême du poète rejoint celui de la sainteté.

Quelle découverte je fis ce soir-là ! La France n'est pas à l'autre bout du monde. Elle vit en moi, comme mes parents vivent en moi. Mes parents, mes amis ne le savent pas, mais mon amour pour eux les fait vivre. Quand mon cœur cessera de battre, je cesserai de vivre. Mais la mort, c'est autre chose. Ça viendra plus tard ou plus tôt. La mort, c'est quand il n'y aura plus personne pour prononcer mon nom avec amour. Je comprends mieux la Genèse : Dieu n'a pas créé le monde d'une chiquenaude. Tout ce qui existe existe par amour, et tout ce qui aime donne vie. *Amour et Mort ne se connaissent pas.* Ainsi, la France vit dans tous les Français qui l'aiment. Priam, quand il comprit que Troie était perdue, fit fuir Polydore, son dernier fils. Tant qu'un de ses fils vivrait, même en terre étrangère, alors Troie vivrait. Ainsi, quand les Achéens firent voile vers leurs cités, Troie était détruite, elle n'était pas anéantie. Car elle vivait dans le cœur de Polydore, comme dans celui d'Énée. Il faut être exilé pour le comprendre. À Douaumont, l'expression « Mère Patrie » m'avait paru pompeuse et désuète. Désormais, je la comprends en profondeur (on tourne en dérision les grands mots, parce qu'on n'est pas assez grand soi-même pour en comprendre le sens).

Au Japon, on ne commence pas le repas en se souhaitant bon appétit, mais en rendant grâce. La formule est : « *Itadakimasu* », qui signifie littéralement : « Je reçois. » Ainsi, un même mot signifie « *merci* » et « *je reçois* ». Il y a là une dernière leçon à méditer avant de s'envoler vers le pays des *self-made men*. Qu'avons-nous que nous n'ayons reçu ? Tout ce que j'ai, tout ce que je suis n'est que dispensation divine. Je fais cette prière, qu'il me soit permis de boire chaque jour à l'eau vive de la reconnaissance.

Il semble qu'on ne puisse vivre pépère sans une bonne dose d'ingratitude. Quiconque a conscience du don immérité de la vie ne peut en jouir tout à fait tranquillement. Il lui faut aimer et rendre un peu de ce miracle.

Vancouver

Pour qui vient de Tokyo, Vancouver est un parc. L'observation que Rousseau fait de la Suisse, à savoir que c'est une ville dont les boulevards sont semés de forêts, coupés de montagnes, séparés de jardins, me paraît valable pour ce coin du Canada. Nous logeons dans le quartier de *Kerrisdale*, où chaque rue porte le nom d'un arbre. Les résidences palladiennes offrent l'image d'une vie confortable et sans remous. Les bourgeois qui vivent ici savent que l'aventure est un leurre et qu'il vaut mieux éduquer une famille que de courir le monde. Pas de haies ni de clôtures. On est entre soi, on a confiance. L'hiver, on boit un thé près de l'âtre.

Nous retournâmes nos poches. Il nous restait de quoi acheter des biclous d'occasion. Pour la nourriture, on se contenterait de cacahuètes et de riz. En se serrant la ceinture, on pouvait tenir ce régime six mois, juste le temps qu'il fallait pour atteindre Santiago où des amis nous aideraient à trouver du travail. Partis de France dans une 204 chargée de pâtés et de vins, nous quittions Vancouver munis du strict nécessaire. Ce dépouillement nous enchantait. Quel plaisir que de jeter du lest ! Saisir ce à quoi on croyait tenir, le mettre aux encombrants et voir qu'on n'y tenait pas. Se détacher, prendre son envol. Faire le tri, et comprendre que l'essentiel est immatériel, et qu'on le porte en soi, et qu'on ne peut nous le ravir. Quitter ! Mais quelle joie donne ce mot ! Le bonheur repose au fond de nous en nappes profondes. Quelques coups de pédale suffisent à pomper cette eau labile qui ne demande qu'à jaillir.

Notre itinéraire consistait à suivre la chaîne des Cascades, la *sierra Nevada*, la *Madre occidentale* et, plus au sud, la cordillère des Andes. Nous tenions le littoral en horreur : paysage plat, urbanisé, ouvert à tous les vents, à toutes les foules. La montagne, nous l'adorions comme un dieu. L'ascension était une affaire sérieuse. Nous en faisions un symbole spirituel. Il ne s'agissait pas seulement de gagner en altitude mais de prendre son essor : nous voulions vivre une vie plus haute. Accéder en hélicoptère ou en voiture à un sommet nous paraissait une profanation. On ne fait pas ça, ou alors on n'a rien compris.

Ce n'était pas seulement la pauvreté qui nous avait décidés à troquer notre 204 contre une paire de vélos. Un voyage, ce devait être une épreuve. En ce sens, notre vadrouille de Paris à Vladivostok était de la rigolade. Avec la bicyclette, le « vrai voyage » commençait, celui où l'on paye de sa personne. Qu'est-ce qu'une montagne dont le franchissement ne nous a rien coûté ? Seule la souffrance de l'ascension nous découvre ce qu'elle est. La montagne est dans les engelures de l'alpiniste, comme le désert dans la soif du méhariste. Dès le départ, notre objectif avait été de partir en voiture et de rentrer à pied. L'idée nous plaisait assez de décélérer. Ce ralentissement de *tempo* était dans l'air du temps. Nous pensions que les merveilleuses inventions qui ont soulagé la peine des hommes ces trois derniers siècles se sont traduites par une perte de valeur humaine. Le progrès technique, pour inévitable qu'il soit, est devenu l'alibi de notre déchéance. Ce qui est gagné pour la puissance et le confort est perdu pour la vertu. Nous avons la vitesse sans la patience, la santé sans savoir-vivre, la richesse sans la beauté, l'abondance sans le goût.

Nous entendions nous priver de ces gadgets prétendument indispensables, qui tuent l'aventure dans l'œuf en la facilitant, puisqu'ils réduisent cette part de risque, d'inconfort et d'imprévu par laquelle on s'éprouve soi-même sur la route. Nous savions cependant que notre privation ne pouvait être définitive. C'était une ascèse, rien de plus.

Départ de Vancouver... C'est un autre voyage. Nulle inquiétude. La pluie peut me glacer les os, j'ai mon ami à mes côtés. La faim peut me tordre les entrailles, j'ai mon ami à mes côtés. Seul, je crains la nuit et le froid. À nous deux, nous sommes invincibles. Tout ce qui nous éprouvera ne fera que nous rapprocher davantage. C'est en le retrempant dans l'épreuve, comme dans une eau glacée, qu'on raffermit le métal de l'amitié.

Dès le second jour de route, au *Rainy Pass*, je me brûle au feu sacré de l'effort. Il pleut à verse. Les bornes milliaires se succèdent, comme les stations d'un chemin de croix. Je me sens de plus en plus faible. Bientôt, le corps se détend. Mon esprit bat la campagne, étrangement alerte. Une salive épaisse m'englue la langue. Le souffle est court, saccadé. Tout en nerfs et en muscles au pied de la côte, me voilà devenu une poupée de chiffon. J'ai le visage pâle, le regard éteint. Je ne ressens plus aux mollets la brûlure lactique à laquelle on mesure l'intensité de l'effort. Je n'ai pas faim. Par un sursaut d'orgueil, je me mets en danseuse. Trois coups de pédale poussifs, un déhanchement minable… je n'en peux déjà plus et me rassieds. Aucune élégance. Je perds toute tenue. Il n'y a plus pour moi de paysage. Je suis perdu dans un monde intérieur dont les images se succèdent sans logique apparente. J'aimerais que cela finisse. Un mot me vient aux lèvres, que je répète en boucle – je ne sais pourquoi. Je souris sans raison. Je suis en plein délire, avec assez de conscience pour le savoir. C'est la fatigue du cycliste, rien de plus. Les initiés connaissent cette défaillance. Un carré de sucre et on en vient à bout. À défaut de sucre, c'est la fringale. Je la sens venir… elle est là. Pied à terre. Je suis vanné, vidé, vaincu.

Le soir, épuisés, nous demandions un coin sec où étendre nos duvets. Pour peu qu'on se tienne à distance des villes où la défiance est de mise, il est toujours possible d'être reçu selon les lois éternelles de l'hospitalité. Un regard franc, une demande simple dans un anglais décent suffisent le plus souvent à gagner la confiance. Nous étions pour nos hôtes l'occasion d'une révélation sur eux-mêmes. Ils ne se croyaient pas capables de faire ce geste magnifique, qui depuis la nuit des temps symbolise la fraternité et le courage : ouvrir sa porte à un inconnu. J'ai vu des hommes et des femmes s'épanouir en une soirée. Ils rayonnaient, surpris de se découvrir aussi bons. Bourrus, ils devenaient diserts. Économes, ils se montraient prodigues. Jamais je n'eus de plus nette confirmation que le bien ou le mal qu'on fait aux autres, c'est à soi-même qu'on le fait. Les cœurs s'épanchaient et nous récoltions les confidences. Car ce qu'on ne dit pas à son propre frère, et qui pèse sur le cœur, il ne coûte rien de le dire à deux inconnus comme au vent qui passe.

Parfois, nous rencontrions une mère inquiète. « Ne partez pas, nous disait-elle. Restez ici. Vos vêtements sont trempés. Vous repartirez demain par le bus. Ils ont annoncé de la neige. Le col doit être fermé. La route est verglacée… » Elle ajoutait pour nous convaincre : « Je suis la mère d'un enfant de votre âge… » Cette phrase précipitait notre fuite. Nous partions vers la montagne. Et il ne neigeait pas, et le col n'était pas fermé, et la route n'était pas verglacée.

« Arrête ton cinéma »

Aux États-Unis, nul dépaysement. De tout ce qui se présente au voyageur, rien qui n'ait été déjà vu quelque part. L'ampleur des grands espaces, le *cosiness* des intérieurs bourgeois, la signalétique, les *pick-up*, les églises presbytériennes aux allures de supérettes, tout se présente tel qu'on le voit dans les films. Pour les Américains, l'Europe est un grand musée où il fait bon « se cultiver ». Pour nous autres Européens, les États-Unis sont un immense studio, mais sans starlettes, où nous déambulons incrédules. La moindre station-service acquiert là-bas un prestige qu'elle n'a nulle part ailleurs : c'est que nous sommes de l'autre côté de l'écran – non pas seulement là où les films se font, mais où ils se vivent.

Aux États-Unis, Vie et Cinéma, comme deux miroirs face à face, se renvoient la copie d'une copie d'une copie… accusant à chaque réflexion une nouvelle perte de réalité. Au bout du compte, il n'est pas étonnant qu'on ait à ce point le sentiment de vivre en pleine fiction. J'en venais à me demander si les gens que nous croisions dans les rues n'étaient pas les figurants d'un gigantesque *show*. Cette impression amusante, mais tenace, suscita à la longue un véritable malaise. Quel est ce pays où vivre, c'est jouer ? Où la spontanéité même est artificielle ? Les échanges les plus simples s'y déroulent selon les termes d'un dialogue stéréotypé. La gaieté et la tristesse y sont d'une qualité douteuse, consignées par un metteur en scène invisible. Le cinéma occupe-t-il aux États-Unis la place que la *commedia dell'arte* avait occupée en Italie ? Mais dans la fanfaronnade méridionale, l'autodérision n'était jamais absente. Scapin a toujours son sourire en coin. Ici, l'émotion se prenait très au sérieux. Hollywood avait émis un excès d'émotions comme une banque un excès de liquidité. L'inflation forçait à en rajouter toujours : il fallait *mettre le paquet.* Cette surenchère nous rebutait. Nous mettions du temps à comprendre qu'apprendre une langue, c'est apprendre une manière d'être. Voilà pourquoi nous passions pour des monstres de froideur. Nous ne pleurions pas la mort du petit chien. L'usage du point d'exclamation nous répugnait comme une outrance publicitaire. Nous avions la plus grande peine du monde à adopter ce langage emphatique, où le mot excède la chose, où tout ce qui n'est pas exagéré paraît petit. Il nous était difficile de croire que les réactions des autres étaient sincères. Elles l'étaient, pourtant.

Il en va du sentimentalisme des Américains comme du nappage de leurs pâtisseries. Tout ce qui n'est pas « saucé » d'émotions semble insipide. Pour des palais grossiers, il en faut toujours plus.

Malia

Cela faisait dix jours que nous pédalions, ralliant l'un après l'autre les volcans Glacier, Rainier, Adams, Hood, Bachelor, dont les silhouettes écimées nous servaient de repères. Depuis l'ascension du mont Adams, Xavier souffrait au genou. Il n'entrait pas dans sa nature de se plaindre. Si je m'enquérais, il répondait : « Ça roule » : je le laissais rouler. Au nord de la réserve indienne des

Sources-Chaudes, je me retournai pour voir où il en était. Il était bien là, visage serein, mais ne pédalant que d'une jambe. Je m'arrêtai, incrédule. Il m'était parfois difficile de savoir si Xavier était un surhomme ou un crétin. Il fallut se reposer un mois à Bend, en Oregon. C'est là que nous rencontrâmes Malia.

Malia accueillait chez elle des jeunes femmes minées par l'alcoolisme et la toxicomanie. Son métier était de ressusciter les morts. On allait chez Malia quand on ne savait plus où aller. Cures, psychanalyses, *summer camps* n'ont pas suffi. On est un *cas*. On a touché le fond. On a des envies d'en finir. Alors on va voir Malia, dernier espoir des désespérés. Il fallait, pour faire ce métier, une énergie peu commune. Je me souviens de son regard intelligent, qui vous désarme, vous met à nu. Je me souviens de sa forte carrure, de sa voix douce et féroce, qui tonne et sait caresser. Je me souviens de la fleur dont elle piquait ses cheveux, coquetterie exquise chez cette femme virile. Malia dégageait un charisme certain. On se sentait attiré par elle. Quand elle entrait dans une pièce, elle l'animait. Mère universelle, elle n'avait pas d'enfants. Elle n'en avait jamais fini de donner. Ce qu'elle donnait, c'était elle-même, ses inépuisables ressources de tendresse, son inlassable énergie. Comment ne pas se décourager, dans ce métier où tout est toujours à reprendre, où ce qu'on construit avec tant de peine peut se défaire à chaque instant ? D'où lui venait cette force ? La charité ne s'explique pas. Elle sourd chez certains êtres, qui sont le sel de la terre. Malia était généreuse par nature, comme d'autres sont mesquins par nature. Sa prodigieuse force vitale fondait moins pour elle un pouvoir sur les autres que le devoir de les secourir. Sa grandeur était de se sentir responsable. Elle avait eu un père alcoolique. Toutes les infirmités de l'âme, elle les comprenait d'instinct. On ne la lui faisait pas ; elle avait une extraordinaire intuition. Elle flairait les moindres étapes par lesquelles un être, perdant le respect de lui-même, s'emmure dans cette prison d'orgueil et de plaisir dont l'Alcool a les clés. Elle secourait, mais secourait violemment. Elle ne s'apitoyait pas sur ses filles. Elle ne leur passait rien. Dans le métier, on la trouvait dure, comme on trouve dure toute personne exigeante qui ne tolère pas la bassesse. Elle se fichait bien de passer pour gentille. Elle entendait traiter ses filles comme des femmes, non comme des enfants. Elle mettait des bornes à son empathie. Sa plus grande marque d'amour, c'était sa franchise. Elle travaillait seule. Comment l'aider ? Nous ne pouvions rien pour elle. Nous étions trop naïfs. Les filles qui allaient chez Malia étaient habituées aux confessions de groupe. Elles avaient acquis un art subtil du mensonge et de la transparence, qui consiste à présenter de la vérité juste ce qu'il en faut pour apitoyer l'auditeur et agir sur lui. Malia savait bien que la pitié était l'arme de ses filles. Le plus difficile était de leur inspirer le désir de guérir. Car en recouvrant la santé, elles perdaient l'attention que la maladie leur attirait d'office.

Nous vivions en face de chez elle, avec K., sobre depuis deux ans. K. allait à l'université, reprenait pied dans la vie. C'était une ancienne danseuse, obsédée par l'exigence d'une perfection inatteignable. *Up or out* : si elle n'était pas la meilleure, elle n'était rien. À quinze ans, elle s'était cassé une cheville. Les séances de kiné n'y firent rien : elle était perdue pour la danse.

Alors commença la descente aux enfers. Ce fut une autodestruction forcenée. Elle connut le cycle des chutes et rechutes. Elle ne s'appartenait plus. À dix-huit ans, elle avait touché le fond. Elle faillit mourir. On lui fit rencontrer Malia. Je n'ose pas imaginer la violence du combat qui s'engagea entre ces femmes. Quel miracle la tira de son enfer ? Je n'en sus jamais rien. K. était magnifique. Cet ange avait connu l'enfer et le faisait oublier. Mais toute souffrance et toute beauté isolent. K. était une île accore, inabordable. Nous parlions de petits riens. Principalement de son chat, ce qui à la longue m'horripilait. J'avais fini par oublier qu'elle avait pu vivre en *junkie*. Je tombai un jour sur la page d'un carnet oublié sur une marche (ou posée à dessein ?). Ce que je découvris, je ne me permettrais pas de le reproduire textuellement. C'était l'expression la plus déchirante, la plus authentique du désespoir.

Nous fréquentons tous les jours des êtres dont nous ne soupçonnons pas les souffrances. Somnambules, nous frôlons des abysses. Nous nous faisons de nos proches une idée sommaire, qui nous épargne la fatigue de la compassion. À de rares occasions, cependant, il nous est donné d'apercevoir le gouffre. Pris de vertige, nous reculons. Alors la vision s'éteint et la vie reprend comme devant. Le lendemain, K. et moi parlions encore et toujours de son chat.

La solitude

L'hiver approchait. Je craignais que la route des Crêtes ne vienne à fermer. Chaque jour qui passait me bouchait un col. Je résolus de partir seul. Nous étions convenus, Xavier et moi, qu'il me rejoindrait deux semaines plus tard à Los Angeles.

Voilà plus de six mois que nous voyagions ensemble. Cette promiscuité n'avait rien de sain. Xavier me complétait à tel point qu'il me devenait indispensable. Mon idéal, alors, était de me suffire à moi-même. Or, je forçais en moi tout ce que j'avais de contraire à Xavier afin que nous fassions la paire, comme si notre concorde ne pouvait durer qu'aussi longtemps que nous nous opposions l'un à l'autre. Je pensais à la phrase de Platon dans le *Lysis : « C'est le plus contraire qui est au plus haut point l'ami de ce qui lui est le plus contraire.* » À ne jamais se quitter, deux jeunes hommes se gauchissent pour s'adapter l'un à l'autre, comme deux arbres, contrariés par leur voisinage, déforment leurs fûts pour mieux se contourner. Xavier me donnait trop conscience de mes manques. Il était le stoïcien que j'aspirais à être et ne serai jamais. En est-il toujours ainsi ? On est porté à aimer celui qui nous complète, et qui nous dérangera précisément parce qu'il accuse les qualités dont nous nous sentons dépourvus. Bien des irritations viennent de cette jalousie, et de l'impossibilité de mentir durablement à celui qu'on aime, de lui cacher ce qu'on est. Du reste, je ne souffrais pas tant de la jalousie elle-même que de me savoir jaloux : rien n'est plus affligeant comme de se sentir l'âme petite. Je ne pardonnais pas à Xavier de me connaître. Il perçait mes défauts et n'était pas dupe de toute l'adresse que je mettais à les camoufler. Il contredisait par sa présence l'idée que je me faisais de moi-même. Sous ses yeux, j'étais nu, et le voyais.

Rien ne m'était plus précieux que la solitude. En elle, je me retrouvais. Passé un certain temps, la présence d'autrui m'incommodait toujours, comme s'il me volait à moi-même et au monde. En disant « nous », je me limitais. Je ne sentais, je ne voyais bien que dans la solitude la plus complète. Quand Xavier était là, je me mettais au diapason : je sentais *selon* Xavier. À la longue grandissait un besoin d'intimité qui tournait en aigreur contre l'autre. Voilà pourquoi je craignais le couple. L'idée de « faire moitié » me terrorisait comme la perte même de mon intégrité. En voyage, le spectacle changeant du monde me faisait oublier mon ami. À Bend, sans cesse présent l'un à l'autre, c'était impossible. Privé des mille distractions que procure le mouvement, Xavier m'exaspérait. Ses vertus, notre promiscuité me les faisait prendre en horreur. Par orgueil, je n'en retenais que ce qui allait dans le sens de mes répugnances : sa droiture, je la prenais pour de la raideur ; sa candeur, pour de la pudibonderie ; sa piété, pour de la bigoterie ; sa prudence, pour de la pusillanimité. Bien mesquinement, je tirais de cet agacement une joie mauvaise, que je goûtais avec beaucoup plus de dépit que de plaisir. Oublieux de l'amour que nous avions l'un pour l'autre, nous nous emmurions dans un mépris silencieux, que nous nous reprochions par mille regards. Aux échanges les plus simples se mêlait de l'aigreur. Si j'étais chagrin, Xavier m'opposait une jovialité tapageuse, et toujours à double entente : « Toi, tu es de mauvaise humeur, mais regarde comment moi je me porte à merveille ! » Et l'on éprouve alors pour son ami – cet ami qu'on aime mieux qu'un frère – un sentiment qui ressemble fort à de la haine. Que Xavier se mette à chanter et je pensais : « C'est fini, oui ? » Il me lançait alors un regard innocent, ou que je croyais tel, et qui disait : « Empêche-t-on les oiseaux de chanter ? » Je m'étais juré de bannir de ma vie les mesquineries de la vie conjugale. Je les trouvais dans l'amitié, où je les attendais le moins.

Il y avait autre chose. De la même façon que Xavier, avec son genou blessé, souffrait de me ralentir, j'avais le secret remords d'être un poids pour lui, mais sur un plan spirituel. L'un et l'autre, nous aurions pu nous dire, comme Diogène à Alexandre : « Ôte-toi de mon soleil. » Le soleil de Xavier, c'était le Christ. Je l'offusquais par un paganisme assez fantasque. Je sentais grandir en lui le regret jamais exprimé de ne pas réussir à vivre l'Évangile « à fond ». De cet échec, je me sentais responsable. Seul, je ne doutais pas qu'il eût réussi. Ainsi, nous étions pris entre le désir de finir ce voyage à deux et celui de nous réaliser dans la solitude. Peut-on se faire chrétien par amitié ? Nous préférions nous taire sur ces sujets. Mais cette délicatesse entretenait un quiproquo. Dans mon silence, Xavier voyait le plus impitoyable mépris pour sa propre foi. Dans le sien, je voyais une muette désapprobation. Nous nous méprenions l'un et l'autre sur le sens de notre discrétion, et finissions bêtement par nous reprocher notre mépris. C'étaient des scènes pitoyables, dignes d'une cour de récréation, dont le seul souvenir me fait honte : « Non, c'est toi qui es méprisant… – Non, c'est toi… » Valait-il mieux se taire pour éviter la dispute ? Peine perdue, car le conflit que nous espérions fuir en nous taisant, nous le retrouvions larvé dans le silence.

Pourtant, je l'admirais. J'ai le souvenir d'une nuit où il se réveilla pour prier. Nous avions appris quelques jours plus tôt la mort d'un de ses amis. Les obsèques avaient lieu à midi, en France. Pour être en phase, il avait mis son réveil à trois heures du matin. Il faisait le moins de bruit possible, soucieux de ne pas me réveiller. Je l'entendais compulser sa Bible de poche. Le froissement des pages me rappelait le Magnificat dont ma mère me lisait les psaumes, le soir, devant l'icône, non sans avoir humecté son index du bout de la langue, car les pages étaient si fines qu'elles collaient. Je faisais l'endormi, jetant parfois un œil. Comme il était beau, mon ami, recueilli dans la pénombre ! Sa prière le grandissait. En retour, elle agissait sur moi, suscitant le désir d'une vie plus haute. Moi qui avais, comme on dit, « perdu la foi », j'aurais tout fait pour que Xavier la conservât intacte. Je voulais qu'il la vive à fond, puisqu'elle participait de sa noblesse. Vivais-je ma propre foi par procuration ? Ce que j'appelais « réserve », ou « scepticisme », n'était peut-être que de la paresse. Ou pire encore, de la lâcheté. J'avais beau jeu de faire le Malin en me foutant de mon salut, quand mon ami s'en chargeait à ma place. Je chérissais notre amitié comme un don des dieux. Mais je sentais qu'en « tenant tête » au Christ, j'interrompais son mûrissement. Car c'est dans la foi que Xavier épanouissait ses vertus, et c'est dans la foi que notre amitié porterait ses plus beaux fruits. Je croyais pourtant avoir rompu pour de bon avec la religion de mon enfance. Mais sur cette Terre, rien n'est *pour de bon*, si ce n'est le changement même. (Il entre dans cette vérité autant de lâcheté que de sagesse, car elle justifie les infidélités futures.) Le christianisme m'agaçait. J'y décelais une exaltation de la faiblesse, un humanitarisme benêt, une gentillesse molle, quelque chose enfin de veule, de morbide et de maladif. Je supportais mal cette tyrannie de l'humilité, qui limite ou diminue l'homme, et condamne ce qui l'élève sous prétexte d'orgueil. Je n'aimais pas cette habitude que les chrétiens avaient de s'amnistier en disant : « Eh, que voulez-vous, l'homme est pêcheur… », cette façon de s'en tenir quittes pour trois *Ave* et de toujours mendier à Dieu ce qu'ils n'osent ou ne peuvent obtenir d'eux-mêmes. Je leur reprochais de ne pas assez voir que Satan Lui aussi est nécessaire, qu'Il est l'Adversaire mais l'Adversaire aimable, puisque sans Lui Job n'aurait jamais pu éprouver sa vertu. Je tenais le christianisme pour responsable de la faiblesse qui affligeait mon pays, et je riais de ces catholiques qui s'indignaient d'une décadence dont leur religion avait été le principal vecteur. Bref, je voyais dans le christianisme ce que je voulais y voir. Un secret ressentiment me voilait l'essentiel, sapant à la base tout désir de retour. Je savais pourtant que l'embrasement de la foi ne vient pas de l'intelligence, mais d'un éveil qui nous consume et que la raison ne peut élucider : c'est au cœur de reconstruire ce que l'intelligence a détruit. Mais quand d'aventure j'entrais dans une église, le sentimentalisme des chants, la mièvrerie des sermons, le visage même des derniers croyants me navraient. Je ne trouvais pas là un climat sain, exaltant toutes les possibilités de l'homme, mais le culte affadi d'un peuple malade suppliant son Dieu-Médecin. Cette religion de gentils ne s'adressait pas à la raison ni à la force de l'homme, mais à sa sensiblerie. Ce que l'Église avait de grand, je m'étais fait à l'idée qu'elle l'avait bazardé au dernier Concile (dont, du reste, je ne connaissais rien). Je ne trouvais de beauté qu'à l'élégante sévérité tridentine. J'observais d'ailleurs que les catholiques eux-mêmes se moquaient à l'occasion de leur rite. Qu'une religion inspire à ses propres fidèles non pas la crainte qu'on doit au sacré, mais la dérision, voilà qui me confirmait dans l'idée qu'elle était bel et bien morte. Pour ceux qui se demandaient encore si l'Église était restée fidèle au Christ, je recommandais une promenade place de la Madeleine : c'est un spectacle assez piquant qu'une église-panneau publicitaire.

Après tout, qu'avais-je besoin des églises ? Le sacré, je le voyais partout dans la nature (je veux dire : dans ce qu'il en reste). Le divin, je le trouvais sans peine dans la beauté des corps. Ma dérision se cristallisait sur la figure du prêtre, dont il est si facile et si lâche de se moquer comme d'un Tartuffe. Parce qu'il porte le col, il n'a pas droit à l'erreur : au moindre impair, il est fait. Mais la ferveur de Xavier me faisait voir autre chose. Chez certains êtres, l'exigence des chevaliers est restée intacte. Moi-même, ne m'étais-je pas dit adolescent (car j'avais déjà le goût des phrases) : « Quand bien même la foi nous aurait désertés, quand bien même la religion nous paraîtrait une erreur, il faudrait rester fidèles au Christ. Un homme lige n'abandonne pas son Seigneur, surtout lorsqu'Il est en disgrâce. C'est quand il n'y a plus aucun intérêt à rester loyal qu'on éprouve enfin sa loyauté. Serai-je féal ou félon ? »

Moi qui me disais *païen*, comment ne pas rire de moi-même ? Car toutes les vertus que j'aimais en Xavier – générosité, désintéressement, franchise – étaient précisément celles qui faisaient de lui un *bon chrétien.* À cela, il ajoutait la force – suprême séduction. Parmi les croyants que je connaissais, cependant, Xavier dénotait, comme s'il n'y avait pas meilleure façon de se distinguer des chrétiens que de vivre en chrétien.

Californie

À peine parti, je sentis refluer en moi le sentiment de l'amitié. Mon ami me manquait mais ce manque participait de mon bonheur, puisqu'il me faisait mieux éprouver l'amour que j'avais pour lui. On peut apprécier la présence d'autrui, tout en voulant être seul. On peut en même temps chérir sa solitude et désirer voir du monde. Rien de plus courant que ces contradictions. Il en allait de même avec les femmes. L'épuisement de la route me les faisait un peu oublier. Mais au détour de sensations infimes, le besoin de tendresse revenait à la charge. Ce n'était pas grand-chose : le frôlement d'une jupe contre le genou, le contact fugitif d'une main, un papillon de nuit attiré par le faisceau de ma lampe frontale, qui effleurait ma joue de ses ailes et restituait de ce léger battement de cils tout le bonheur d'une caresse. Je me réveillais la nuit avec une envie de me donner dont je ne savais que faire. À qui, à quoi me vouerais-je ? À l'âge où l'on cueille tous les fruits de l'amour, je les laissais pourrir. Certes, ce quotidien de moine-soldat me ravissait. Mais d'un autre côté, je souffrais de ne pouvoir communiquer ma joie. Quand la coupe du bonheur est pleine, on ne veut pas être seul à la boire. Dans les montagnes de Californie, grisé par le grand air, je chantais à tue-tête. À vingt-cinq ans, mes joies étaient celles d'un enfant.

Californie ! comme il est bon de voyager sur tes terres ! Je connus sur tes vastes étendues les plus belles heures de ma vie. Mont Shasta, majestueux comme l'Olympe, jaillissant si puissamment de la plaine calcinée qu'on voudrait s'agenouiller pour t'adorer ! Pic Lassen, avec tes lacs émeraude, tes taches de neige si nettement contournées qu'on les croirait de naissance, posées là de toute éternité, comme l'ocelle blanc sur le front d'une orque. Et toi, Yosemite ! temple sculpté par les titans, avec ton grand autel, sévère Capitan ! Et vous, séquoias antiques, vénérables comme des ruines, piliers de cathédrale dix fois incendiés, baignant dans l'or du crépuscule ! Sierra Nevada, je t'ai aimée, toute poudrée des premières neiges de l'automne. Crater Lake, immense baptistère, j'ai voulu me laver dans tes eaux lustrales. Sommets brisés de l'Oregon : Broken Top, taillé en tenon pour enferrer les nuages, Three Fingered Jack, vieux brigand caché sous ton manteau d'obsidienne, et vous les Trois Sœurs, sous votre mantille de neige, je ne vous oublie pas. Volcans taciturnes, égueulés, dormant votre sommeil de plomb, plaies béantes et sacrées, encroûtés de lave comme du sang même de la Terre, pour avoir craché le morceau il y a cent mille ans, vous gardiez le silence. J'ai goûté votre quiétude, comme une respiration qu'on retient.

Montagnes et mer, soleil et neige, déserts et champs, en toi Californie se résument tous les mondes. J'ai retrouvé le Jourdain dans la vallée de Lemon Cove. J'ai vu le Piémont sur les collines colorées de West Point. J'ai découvert le Sahara au Mohave. Soleil, dieu aux cent milliards de mains, j'ai savouré tes caresses après les journées d'effort. Flocons, je vous recueillais sur mes lèvres dans l'ardeur de l'ascension. Les doigts gonflés d'engelures, le ventre vide, je ne savais pas où j'allais dormir mais j'étais heureux, car ce que je voulais vivre, je le vivais. Et tout me semblait beau, digne d'être adoré. Chaîne des Cascades, j'ai contemplé tes deux visages. On passe d'un versant à l'autre de tes cols, comme on retourne un tableau à double face. Tu étais verte, humide à l'ouest, désertique et pelée à l'est. Je t'aimais dans tes forêts d'*evergreen*, pédalant à perdre haleine sur les chaussées humides. Je t'aimais dans tes vallées gercées par le vent, des grains de poussière entre les dents, couché sur mon guidon pour ne pas donner prise aux bourrasques. Je t'aimais, chaîne des Cascades, comme j'aime tout ce qui est double, et contraire à soi-même. Ô routes américaines ! lisses comme un billard, quel plaisir de vous suivre ! Vous lancez l'appel, je réponds : « Présent ! » Je suis le plus assidu des élèves à votre école buissonnière. Et vous Américains au grand cœur, je loue votre générosité ! Pas une fois, non, pas un soir, vous ne m'avez refusé l'accueil. Vous aimiez votre pays et j'enviais votre jeunesse, car je venais d'un beau et noble pays mais vieux, et qui perdait la mémoire, et le respect de lui-même.

Il fait froid. Je souffle dans mes gants en maudissant le sort. Mais que vienne un rayon de soleil, alors mon âme est toute païenne et je suis de ceux à qui la beauté suffit. *Anima naturaliter pagana !* Parce qu'une pensée vulgaire le confond avec le plaisir, on a fait du bonheur un état futile. Parce qu'on le confond à tort avec la souffrance, on a fait du malheur un état noble. Grossière erreur ! On voit souvent que le même collégien qui « faisait l'intéressant » en classe « fait l'intéressant » quelques années plus tard en publiant le récit de ses petits malheurs : il ne s'agit que d'attirer l'attention.

La sueur du muga

J'avais dépassé le pic Lassen et roulé au bord du lac Almanor. Deux pêcheurs m'avaient payé une chambre de motel. Ils n'en revenaient pas que je voyage par ce froid, et jusqu'à Santiago encore. Je leur répondis humblement – c'est l'usage – que mon vagabondage n'avait rien de méritoire, et que le nuage n'a pas à s'enorgueillir du vent qui le pousse. C'étaient deux petits hommes ronds comme des tonnelets, Témoins de Jéhovah, ayant un faible bien pardonnable pour la *pumpkin pie* et la cannette, et aimant pécher à l'occasion – je voulais dire pêcher – sur le lac Almanor, dont ils revenaient toujours joyeux et bredouilles. Le Christ en eût-il fait des pêcheurs d'hommes ? Dans cette petite chambre de motel, j'avais pour seule compagnie mon cher vélo. Il était mon destrier, mon fidèle ami, mon confident des mauvaises heures. Le lendemain matin, je voulus dire au revoir à mes bienfaiteurs. Nous nous quittâmes tels des étrangers. D'où venait cette froideur, cette distance, nous qui la veille étions si proches ? La nuit et le vin nous avaient rapprochés. La lumière du jour leur révélait subitement qu'ils avaient accueilli un inconnu.

Une ou deux heures plus tard, je roulais dans l'Indian Valley. J'eus alors une vision. « *Lorsque tu marches*, dit un maître du zen, *contente-toi de marcher. Lorsque tu es assis, contente-toi d'être assis. Mais surtout ne tergiverse pas !* » Je roulais et me contentais de rouler. Il n'y avait plus en moi de voix qui disait : « Vivement la fin d'étape, que je puisse me reposer ! », ou encore : « Dans le fond, pourquoi je roule ? » Il n'y avait plus pour moi ni voyage, ni France, ni famille, ni amis. J'avais perdu la conscience de moi-même. Je roulais comme pierre qui roule (sans non plus amasser de mousse). Mes coups de pédale ne me coûtaient rien. J'avais oublié toute idée d'un but à atteindre, géographique ou spirituel. Il n'y avait que la forêt, le bitume qui défilait sous mes roues, le soleil qui semblait me poursuivre à travers les rangées de douglas. Je voyais mes mains agrippées au guidon, comme si c'étaient les mains d'un autre. Je sentais mes jambes. À dire vrai, ce n'étaient plus *mes* jambes, mais *des* jambes. J'étais débarrassé de moi-même. Mon esprit était un miroir limpide. Nul désir, nulle volition n'en troublait la surface. J'étais l'aigrette de pissenlit qui flotte au vent, pénétrée de lumière. C'est la seule fois de ma vie où je peux affirmer sans mentir que j'ai vécu au présent. Combien de temps cela dura-t-il ? Peut-être une minute, une heure. On ne mesure pas l'éternité.

À l'occasion, j'aimais me saouler de discipline. Je croyais faire partie de ces malheureux qui ne s'affirment qu'en se niant eux-mêmes et poussent jusqu'au masochisme le désir d'une volonté puissante. Et voilà que ma plus grande victoire sur moi-même consistait dans la découverte qu'il n'y a pas de *moi* à vaincre. Dire que « le moi est haïssable », c'est encore lui accorder trop d'importance. L'ascèse du voyage ne me pesait plus. Il n'y avait plus d'effort. J'étais pure action. J'ai réclamé bien des fois par la suite cette vision que je n'avais pas escomptée. Mais la grâce n'est pas sur commande. Cette hypnose du mouvement, il m'arrive encore de la demander au vélo. Pédaler encore et encore, comme on ressasse un *mantra*. Ce que je cherche dans l'effort, c'est à m'anéantir.

Je n'en ai jamais parlé à Xavier mais je sais qu'il vécut lui-même une expérience analogue, bien plus tard au Costa Rica. C'était un de ces moments de fatigue et de délassement où l'esprit est absolument vide. Xavier était sur un canapé, et il avait levé sa main au-dessus de son visage. Il l'ouvrait et il la refermait lentement, sans en détourner les yeux. Il était subjugué par sa main, comme s'il habitait son corps pour la première fois, ou comme s'il le retrouvait. Quiconque aurait vu Xavier à ce moment l'eût pris pour un fou. Le simple fait d'avoir des doigts semblait l'étonner au plus haut point. Il n'y avait en lui aucune joie apparente. Il était très calme. Il finit par dire : « C'est bizarre… » Je crois qu'il s'étonnait d'être. Bien plus tard, quand je lui posai une question sur ce qu'il avait vu ou senti ce jour-là, il me répondit simplement : « Je trouvais étonnant que mes doigts bougent et obéissent. » Je pense à Dogen, fondateur d'une fameuse école du zen japonais au XIIIe siècle, qui décrit ainsi son *satori* : « Je reconnus seulement que mes yeux étaient à l'horizontale au-dessus de mon nez qui leur était perpendiculaire… » Comment communiquer l'étonnement de vivre à ceux qui ne s'en sont jamais étonnés ? C'est comme si ce n'était plus notre personne ou notre volonté qui animait notre corps, mais une force étrangère – appelons-la « vie » –, qui pour le moment nous habite.

Une autre fois encore, au Mexique, nous nous étions arrêtés dans un *ejido*, à l'écart de la route. Il y avait un grand silence et je m'étais allongé, face tournée vers le ciel. Pendant quelques secondes, je perdis toute conscience du lieu où j'étais. Il m'était impossible de me situer, comme il arrive parfois au réveil (avec cette différence qu'en sortant du sommeil, on se pose la question : « Où suis-je ? », tandis qu'à ce moment je ne me posais aucune question). J'avais sous les yeux un universel carré de ciel bleu. J'étais posé sur le sol comme une pierre, l'esprit vide de pensée, c'est-à-dire plein de ciel, ignorant le sud et le nord, oublieux du Mexique et de la France. Déboussolé, et non perdu. La pierre n'est jamais perdue. Où qu'on la jette, elle s'y retrouve. Elle est toujours à sa place, *in situ.* Elle se fiche bien de nos cartes : elle est toujours *là.* Eh bien, c'était pareil : j'étais *là*, c'est tout. Je ne cherchais pas à me situer ; il n'y avait plus rien à situer. Ce vain petit *moi* auquel nous tenons fort est chose bien volatile pour s'exhaler si facilement dans la fatigue.

Basse-Californie

Depuis Los Angeles, Xavier et moi roulions ensemble vers le Mexique. Nous allions à petite allure, soucieux de ménager son genou. En voiture, nous avions peur de la panne. À vélo, de la blessure. Et de même que j'imaginais notre voiture « souffrir » dans sa carlingue comme on souffre dans sa chair, de même, retournant l'analogie, je traitais mon corps comme une machine. Funeste analogie, qui nous incline à ménager nos machines et à mépriser notre corps… Xavier et moi avions suffisamment pédalé pour savoir qu'avancer, ce n'est pas qu'une affaire d'alimentation et de repos. On puise parfois dans des ressources insoupçonnées. Où gisent ces réserves secrètes ? Dans quelles circonstances se les découvre-t-on ? Nous voulions connaître ces cas limites où le corps ne se meut plus que par la force de l'esprit.

La blessure de Xavier nous fit voir ce qu'un tel désir avait de puéril. On dit un jour dans son fauteuil : « Il faut mettre au corps le mors de la volonté. Après, on peut pousser la vieille carne aussi loin qu'on le veut. » Puis vient une rage de dents, qui nous fait changer de ton. Il est vrai qu'on ne grandit que par la souffrance. Mais les véritables souffrances ne sont pas de celles qu'on s'impose. Elles sont à ce point insupportables qu'on troquerait toutes les sublimes maximes des philosophes pour trois minutes de répit. Au nord de Bend, Xavier ne pédalait que d'une jambe. Nous étions à nous-mêmes notre propre arène, notre propre public. Jusqu'où fallait-il aller pour mériter les applaudissements ? Xavier devait-il se bousiller le deuxième genou pour conquérir l'estime de lui-même ? Le bel héroïsme, que celui d'un homme qui en vient à ramper par « goût du dépassement » ! Quand on a mal, on devient raisonnable. Les fausses raisons de souffrir se dissipent. On se dit alors : « C'est quand on n'a pas le choix, quand on a la mort aux trousses qu'on va au bout de soi-même. L'héroïsme est à ce prix. » À nouveau, cela est faux. Cette panique de bête traquée est le contraire de l'héroïsme. Les secrètes ressources d'énergie qui font les héros ne viennent pas de la peur de mourir. Le héros ne fuit pas la mort. L'ayant acceptée d'emblée, il va au-devant d'elle et cherche à vivre une vie plus haute, dans la gloire du sacrifice. Une fois épuisées les joies du sport, je commençais à voir qu'il fallait se dépasser en vue des autres, et que ce n'est qu'en se donnant qu'on se trouve. « Ce que j'ai fait, mon ami, nulle bête ne l'aurait fait. » Je le comprenais enfin, l'inoubliable mot de Guillaumet. Son énergie surhumaine, il ne la devait pas à ses capacités physiques, ni même à son exceptionnelle force de volonté. Il la tenait de sa femme. Car c'est par amour pour sa femme qu'il voulait qu'on retrouvât son corps. La morale de l'histoire pouvait être : qui ne sait pas aimer ne sait pas vouloir. Ce n'est pas la force qui fait le héros, c'est son amour. « Courage » vient du mot « cœur », nous ne l'oublions que trop.

Sensible à cette découverte, je voyais ce qu'elle avait de destructeur pour notre voyage. N'étions-nous pas partis pour nous « dépasser » ? Mais toutes les raisons que nous avions de nous donner étaient en France. À partir du Mexique, notre voyage perdit peu à peu de son sens. Le cœur n'y était plus. Ce n'était pas seulement le « mal du pays », mais la conviction larvée que notre voyage, dès le départ, portait en lui-même sa propre ruine. Le savions-nous, en pédalant dans les déserts de Basse-Californie, que notre aventure était en fait arrivée à son terme ? Le savions-nous, qu'à la prolonger, nous gaspillions un temps que nous pouvions mieux employer pour les autres, et pour nous-mêmes ? Le savions-nous, que cette recherche adolescente de l'exploit mourait en nous, et qu'un plus bel idéal demandait à voir le jour ?

Ce voyage destiné à satisfaire les adolescents que nous n'étions plus ne pouvait pas combler les hommes que nous commencions à être. Pourtant, sans cette providentielle pandémie, nous l'aurions poursuivi jusqu'au bout. Pourquoi ? Il y a l'inertie. Il y a le plaisir de la route et la fierté du chemin parcouru. Il y a la résolution de terminer ce qu'on a commencé. Il y a aussi la vanité. Car il est un raisonnement captieux dans lequel tombent les voyageurs sportifs : ils préfèrent tenir tête à n'importe quel prix et à n'importe quoi, plutôt que de souffrir le « déshonneur » d'un abandon. Tout leur est conflit, champ de bataille. Ces pauvres bœufs ne cherchent qu'à s'épuiser. Qu'ils ferraillent contre le vent, les voilà contents. Ils croient avoir de la volonté, ils n'ont que de l'entêtement : ils feraient de bons petits soldats. Jamais plus que sur mon vélo je ne vis que la Présomption et la Bêtise sont sœurs jumelles, que l'Humilité est fille aînée de l'Intelligence. Et je sais désormais de quel mélange de lâcheté, de vanité et de paresse la persévérance peut être faite. Il y a plus d'honneur à abandonner un voyage qui n'a plus de sens, plutôt que de gaspiller ses forces et son temps à le prolonger *ad nauseam*. Ô routes immondes du Mexique ! Terre, sublime dépotoir ! Jungle souillée de Chiapas ! Villes américaines ! votre hideur, votre puanteur ne nous ont pas suffi. Mon Dieu, ce qu'il faut de courage pour *prendre acte* de ce que l'on sait ! Et comme on se dupe, comme on *se laisse avoir* facilement ! Quelques photographies trompeuses, une symphonie entraînante, un film médiocre, une fumisterie littéraire, une carte du monde épinglée sur un mur, et nous revoilà à désirer l'aventure, laquelle ne nous apporta qu'amertume et déception.

Manuel

Nous nous étions égarés dans un lacis de pistes et la nuit commençait à tomber. Autour de nous, le chaparral : une terre âpre, rocailleuse, des buissons souffreteux, quelques *ocotillos* empanachés de rouge. Nous entendîmes un cri. D'où venait-il ? L'écho nous trompait sur sa provenance. Enfin, nous vîmes arriver un être antique. C'était Manuel, le berger d'El Ruidoso. Avec son corps maigre et vigoureux, ses cheveux hirsutes et sa pelisse de chèvre, on aurait dit un Jean-Baptiste. Il voulait nous accueillir pour la nuit. Manuel habitait une casemate en tôle. On se demandait comment ça tenait, mais ça tenait. Dans un coin, un sac de patates, une casserole, un jerrican. Au milieu, un poêle. C'est tout. Par un réflexe millénaire, Manuel nous plaça auprès du foyer, comme on nous plaçait aux États-Unis devant le poste de télévision. Manuel n'avait pas d'autre compagnie que celle de ses moutons. Sa vie, c'étaient le même jour, les mêmes tâches, inlassablement répétés. Il parlait fort, comme s'il était sourd (quand on demande à un Mexicain de parler plus lentement, souvent il parle plus fort). Qui s'aventure ici, si ce n'est les motards *gringos* ? Ils venaient de la frontière avec leur jouet, faisaient trois petits tours, puis s'en allaient. Ils se donnaient bruyamment des frissons, une caméra fixée sur leur casque. Où allaient-ils ? Chez Coco's Corner, un de ces attrape-voyageurs consignés sur Internet. « Trou paumé, à l'écart des touristes » : pour aller nulle part, il leur fallait un guide. Le soir, ils se racontaient leurs expéditions. Une fois, ils avaient crevé dans le désert. Ils avaient cru mourir de soif. Ils l'avaient échappé belle. Sur les sentiers battus de l'aventure, ces explorateurs vivaient des expériences peu communes.

Manuel, heureux homme ! tu ne connaissais rien de cette vacuité. Pour la comprendre, il fallait se sentir frère de ces migrants de l'ennui, qui apportent partout avec eux le spectacle affligeant de leurs tristes plaisirs. Mais tu savais que ton pays leur était une cour de récréation. Tu avais vu pousser, le long de la mer de Cortez, ces *resorts* d'un luxe outrageant, barricadés contre ce peuple même qui les accueillait sur sa terre. Tu avais vu la lave du goudron transformer chacun des villages de pêcheurs en colonie du divertissement, décuplant le prix de la moindre boisson, chassant les autochtones, ramenant les touristes dont – honte, buvons la coupe ! – nous faisions partie. Tu avais entendu parler de cette herbe de paradis que les *gringos* avaient fait pousser pour leur golf. Ces gentlemen n'étaient pas encombrants : ils prenaient l'oasis et vous laissaient le désert. Ils vous aimaient, comme on aime ceux à qui on prodigue ses largesses. Pourvoyeurs d'emplois, dispensateurs du progrès, ils n'avaient conscience que de leur générosité. La belle affaire ! ils s'enrichissaient en faisant œuvre pie. Il n'y avait pour eux pas de contradiction entre vous apporter le développement et vous ravir la richesse. Le tourisme, disaient-ils, « fait *vivre* les locaux ». C'est qu'ils viennent d'un pays où vivre signifie manger.

Si tu les écoutais, Manuel, ils t'auraient fait comprendre que tu n'étais qu'un crasseux. Ta pauvreté, ils l'auraient appelée misère. Ta liberté, sauvagerie. Car à leurs yeux une vie digne, ce n'est pas une vie où l'on se contente de ce nécessaire qu'on a patiemment tiré de son effort. C'est une vie confortable, où l'on en fait le moins possible pour s'encombrer d'un superflu fabriqué par les autres. Manuel, tu vivais à l'écart. Pour combien de temps encore ? Combien de temps, avant qu'on te connecte au grand cirque ? Combien de temps, avant que la télévision ne te fasse prendre en honte ton dénuement ? Le lendemain, nous rencontrâmes tes voisins, trente kilomètres plus loin. Ils avaient improvisé une boutique dans leur ferme. Ils avaient compris qu'on pouvait tirer profit des *gringos*. Ils étaient plus malins. Ils jouaient le jeu. Ils t'aimaient, mais dans leur éloge se mêlait cette gentillesse condescendante qu'on a pour les gens « un peu spéciaux », c'est-à-dire pour les hommes libres. Ils t'aimaient, mais ils te prenaient pour un imbécile.

Manuel, tu ne savais pas où était la France. Il n'y avait pour toi ni nord ni sud, mais un envers et un endroit, une face riche et une face pauvre. Nous te disions que nous étions français, tu hochais la tête. Mais pour toi, nous étions des *gringos* à peine différents des autres : des Français d'Amérique. Docte ignorance ! Ta solitude, tu la traînais partout et jusqu'au cœur des villes. Je comprends mieux maintenant, en écrivant ces lignes, ridicules dans leur grandiloquence, si indignes de ta simplicité et de ta gaieté, pourquoi tes appels dans le désert me semblèrent des SOS. Ta détresse, c'est moi qui te l'invente : j'ai fait de toi un *bon sauvage*.

Deux semaines plus tard, c'était Noël. Nous étions à La Paz, dans un hôtel sans âme, coincé entre un Walmart et un concessionnaire Ford. Je me souvins de Manuel. Il m'aida à voir ce que, jusque-là, mes yeux n'avaient pas su voir. Ce n'est pas aux notables de Bethléem, mais aux marginaux que « les anges dans nos campagnes » annoncèrent la naissance du Messie. Pour entendre Dieu, il faut être à la marge. Les *importants* ont mieux à faire que d'écouter des voix. J'écris cela sans aigreur, car les *importants* aussi ont raison. Ils ont raison de dormir sur leurs deux oreilles après une rude journée de travail, comme les bergers ont raison d'écouter les anges, comme les soudards d'Hérode ont raison de fourbir leur lame. Le Christ a besoin de tout ce monde, pour que le monde soit sauvé. Chacun à sa place, chacun joue son rôle. La tragédie est prête, on peut y aller. Aussi longtemps qu'il y aura des bergers, il est bon qu'il y ait des banquiers et des Hérodes. Aussi longtemps qu'il y aura des bergers…

Roberto

Plus loin dans le désert, nous fîmes la connaissance de Roberto. Il habitait une maison cossue à une centaine de mètres de la route. Alors que nous montions notre tente, il vint à notre rencontre. « Venez dîner. Ma femme fait les meilleurs *tamales* du monde. » Après une journée d'effort, ça ne se refuse pas. Au milieu du repas, tandis que je peinais à trouver un mot en espagnol, Roberto fit une suggestion en anglais. Je remarquai la perfection de l'accent. Le dialogue se poursuivit dans la langue de M. Trump. Roberto avait grandi dans la banlieue de Los Angeles. Il était revenu au Mexique tout récemment pour accepter la direction d'une entreprise américaine. « Certains me prennent pour un vendu. D'autres pour un type qui a saisi sa chance. » Il y a cinq siècles, on disait la même chose de la Malinche. Quand Roberto parlait espagnol, il était mexicain ; américain quand il parlait anglais : le bilinguisme est une schizophrénie. Cette impression d'un peuple double devait nous suivre tout au long de notre passage au Mexique. C'étaient des noms de villages latins et nahuatl (Magdalena Tequisistlán, San Francisco Telixtlahuaca, Tamazulapam del Progreso). C'était la statue d'Auguste Comte à côté de la Vierge de Guadalupe. C'était la coexistence, sous un même ciel, des plus acharnés francs-maçons et des catholiques les plus obtus.

Roberto m'introduisit à la question de l'identité mexicaine : « Il y a cent ans, au moment de la Révolution, on ne voulait être ni indiens ni espagnols. Aujourd'hui, on ne veut être ni *mexicano* ni *gringo*. Au juste, qui sommes-nous ? Être mexicain, c'est une certaine manière d'être ni… ni… C'est être *Don Nadie*, M. Personne. On a le cul entre deux chaises. » Je compris l'influence que la Révolution française avait eue sur l'histoire du Mexique. Quand on ne sait pas qui on est, on se laisse séduire par le projet d'un homme nouveau. Universel, on espère le devenir par décret.

Cette dualité dont parle Roberto, je peux la comprendre. Je la trouve en moi-même lorsque je dis : « Je tiens de mon père, je tiens de ma mère. Je suis un peu de l'un, un peu de l'autre. Mais je ne suis ni l'un ni l'autre. Ce que j'ai de propre, c'est mon impureté. »

« La grande différence, me dit Roberto, c'est que tes parents se sont aimés. Nous, notre mère, c'est la *Chingada*, la Grande Violée, la Malinche. Et notre père, c'est Cortés, le Macho par excellence. Comment veux-tu qu'on se lance joyeusement vers l'avenir, avec cette double ascendance ? La deuxième différence, c'est que tes parents, ton peuple, ton pays ont une mémoire. Mon peuple, on la lui a supprimée il y a cinq siècles. On n'aura jamais de destin. »

L'histoire de la Conquête rappelait ce fait capital, qu'il n'y a pas de plus sûre façon d'assujettir un peuple que de supprimer sa mémoire et sa langue. Un pays amnésique peut grandir, il ne peut pas mûrir. N'ayant plus de souvenirs, il n'a plus de présent. Il n'a qu'un quotidien, un *jour-le-jour*, et tous les mirages de l'avenir, et toutes les séductions de l'utopie. Riche d'un passé profond, l'Occident grandissait de lui-même. Il muait et abandonnait gracieusement ses vieilles peaux usées, dans lesquelles les anciennes colonies, coupées de leur propre passé, essayaient de se couler à grand-peine. D'où cette impression tenace, au Mexique, de voyager dans une IIIe République ratée. « Le Progrès », « l'Avenir », « l'Espoir », cette toponymie dérisoire n'inspirait plus aucun enthousiasme. Il faudra bientôt rebaptiser. Et ainsi à chaque siècle, comme on déboulonne les statues.

Je pensais aux kiosques construits sous Porfirio Díaz, à ce parfum suranné de Belle Époque, à ces devises à l'entrée des villages ou sur le fronton des mairies : « Travail et Progrès », « Science et Raison ». Ces formules anachroniques étaient l'écho d'une voix partie d'Europe. Tout ce qu'on implante au Mexique subit une fossilisation précoce. Les utopies y subissent une sclérose accélérée. À peine construits, les bâtiments deviennent « monuments » ou vestiges, fossiles-témoins d'un essai avorté. Et ces souvenirs sont d'autant plus affligeants, pour nous autres Européens, qu'ils renvoient à une époque pas si lointaine où notre continent croyait en lui-même. Ces débris de IIIe République échoués au Mexique étaient autant de *memento mori*, comme les crucifix que nous croisions chaque jour au bord des routes, décorés d'un bouquet de fleurs artificielles. On se rappelle qu'avant de faire époque, la France faisait l'Histoire.

Quelques jours plus tard, roulant dans le Michoacán, je tombai sur une tête sculptée monumentale de Lázaro Cárdenas. Elle évoquait peut-être les têtes olmèques en basalte. Moi qui venais de Russie, elle me rappela la statue colossale de Lénine à Oulan-Oude. Entre des peuples opposés à tous égards, je décelais d'amusantes convergences. Russes et Mexicains ne connaissent pas la mesure. Machistes, ils vénèrent la force brute (la virilité a dans ces pays une définition négative : ne pas être une « femmelette »). Ils sont révolutionnaires, mais au sens propre : ils n'avancent jamais que pour revenir au même point. Il n'appartient qu'à eux de se griser aussi brutalement d'une philosophie *made in Occident* – marxisme ou positivisme –, puis de la jeter comme une bouteille vide, avec un « jamais plus » de gueule de bois. Inaptes aux lentes transitions, aux longues maturations, ces malheureux sont condamnés à de fréquentes tables rases. Les réformes sont toujours brutales, imposées par une élite occidentalisée, au plus grand mépris des habitudes et des souffrances du peuple. Celui-ci est tellement habitué aux coups de force et à la corruption qu'il s'est enlisé dans une alternance stérile d'indolente acceptation et de jacqueries désespérées (Zapata m'évoque Pougatchev). Les élites avaient cru en l'*Aufklärung*, mais sans véritable tradition critique. Et ce mot de « Lumières », sous ce ciel éclatant où tout ce qui vit cherche l'ombre, et le mot de « progrès », dans ces paysages figés où il n'est d'autres révolutions que celles des astres, me paraissaient les leitmotivs d'une farce dérisoire, qui m'arrachait parfois, sur mon vélo, un ricanement hideux, sarcastique et sans joie.

Tierra Caliente

À Santa Rosalia, une église en tôle fait l'attraction des touristes. Elle est affreuse – c'est un hangar – mais on la dit conçue par Gustave Eiffel. Alors on va y voir. Une célébration était en cours. C'était une *quinceañera*, ce rituel des quinze ans, qui symbolise, dans toute l'Amérique latine, le passage de l'enfance à la nubilité. La jeune fille manquait de grâce. Corsetée dans une robe orange, elle faisait penser à une grosse papaye, en moins appétissante. Princesse dérisoire, elle portait un diadème. Elle se tenait haute sur ses talons (je n'observais pas les aiguilles vaciller sans un frémissement d'inquiétude). Un photographe vibrionnait comme un taon. Clic ! clic ! La famille avait payé. Elle en aurait pour son argent. Ce qui me frappa, ce fut le maquillage. On avait étalé, sur le visage de cette adolescente, un placard de crème, comme une seconde peau. Je pensais à ces belles Indiennes, dont parle le *Codex florentin*, qui se couvraient le visage de boue pour échapper à la concupiscence des Européens. Cette jeune fille prématurément fardée, c'était l'image de l'Amérique. C'était le symbole de cette humanité qui se grimait à l'occidentale et nous empruntait ce que nous avions de pire.

Plus loin, à Carácuaro (que Xavier s'obstine à appeler « Carotte-poireau »), un jeune homme à tête d'iguane, gras comme un loukoum, nous annonce que le maire de la ville aimerait nous rencontrer. Épuisés, nous répondons cordialement : « Non, merci. » « Responsable de la communication » de la mairie, il nous explique qu'il n'a jamais rien de neuf à se mettre sous la dent et que ce n'est pas tous les jours que deux Français se hasardent dans ce coin dangereux de *Tierra Caliente*. Après un brin de flatterie (« Vous êtes des aventuriers, etc. »), il se propose de nous interviewer. « Non, merci. » Quelque chose, n'importe quoi, un simple selfie ferait l'affaire. « Non, *por favor.* » (*Por favor* veut dire « s'il vous plaît », mais dans certaines circonstances, comme ici, il signifie « par pitié ».) Très contrarié, il finit par nous laisser tranquilles. Trente minutes plus tard, il revient à nous, mielleux autant que peut l'être un loukoum. « Au moins, venez voir le Christ noir, c'est une statue superbe. On vient de loin pour l'adorer. » Il insiste. Par gentillesse, c'est-à-dire par manque de caractère, on va voir le Christ thaumaturge en pâte de réglisse. À la sortie de l'église, traquenard ! le maire nous attend de pied ferme, flanqué d'une grosse mouche de photographe.

Nous nous laissons filmer, consternés. Une heure plus tard, nous *sommes* sur les réseaux sociaux. Notre image circule. Hommes de chair et d'os, nous voilà devenus *icônes*. On s'arrêtera au bord des routes. On nous offrira à boire. Tel homme qui nous aurait fermé la porte au nez se proposera de nous accueillir. Et cette aide qu'on a tant de mal à obtenir porte à porte, cœur à cœur, *cara a cara*, Internet nous l'offre pour peu qu'on consente à ce viol numérique. On se méfie de celui qui n'est pas sur Facebook : aurait-il quelque chose à cacher ? Qui n'est pas sur le réseau n'est pas *net*. Qui n'a pas d'existence virtuelle n'est pas même considéré : on lui refuse une existence réelle.

Le loukoum est fier et content, autant que peut l'être un loukoum. Il nous montre sur son smartphone les buildings de Mexico City. S'attend-il à ce que nous lui donnions des bons points ? Nous lui disons que nous n'avons pas de téléphone. Il croit que c'est une difficulté que l'on s'impose en plus, par défi. Comment lui expliquer que nous aurions préféré ne pas voyager que de voyager avec un portable ? Comment lui expliquer qu'un « voyage connecté » est pour nous une contradiction dans les termes ? que le smartphone représente la mort de ce à quoi nous attachions le plus de prix ? Il nous appelle « *my friends* », nous qui parlons espagnol et ne sommes pas ses amis. Il aimerait que nous le devenions sur Internet. Faut-il lui dire de but en blanc qu'il ne pourrait jamais y avoir pour nous d'amitié virtuelle ? Nous lui répondons que nous ne sommes pas sur les réseaux sociaux. Il ne comprend pas. Il n'est pas loin de nous le reprocher : « Vous pourriez *partager* votre expérience. » Mais nous n'aimons pas trop ce terme de « partage », qui fait passer insidieusement le narcissisme pour de la générosité, et le conformisme pour une vertu. Xavier et moi restons muets, répondant aux sourires par des sourires. Par une amère dérision, les jeunes Mexicains que nous rencontrons dans le campo s'empressent de nous montrer qu'ils sont « comme nous ». Ce que l'Europe a de triste, l'Amérique nous le renvoie poussé à la caricature. Les habitants du Nouveau Monde sont animés du désir d'être de nouveaux riches et ce désir leur vient de nous.

Ce sont les Occidentaux qui se plaignent de l'occidentalisation du monde, et s'en plaignent comme des consommateurs de voyages, lassés que l'exotisme leur soit toujours servi à la même sauce américaine. Au XVIe siècle, les conquistadores déploraient la « barbarie » des autochtones, c'est-à-dire leur différence. Au XXIe siècle, les touristes déplorent leur ressemblance, et voudraient qu'ils soient un peu plus « sauvages » (sur les photos seulement). Il faudrait savoir ce qu'on veut.

Olinalá

Arrivés à Olinalá après une étape éprouvante, nous n'avons qu'un désir : reposer nos jambes endolories. Les rues sont vides. Je déambule sur les trottoirs, aux aguets. J'entends le bruit sourd d'un tam-tam. J'accélère le pas. Caisse claire, clarinette, le vacarme se fait plus net. J'approche… bientôt je ne réponds plus de moi : je suis *happé* par la musique. Au débouché d'une rue, je vois enfin le cortège. Il y a là peut-être cinq cents personnes. Au premier rang, l'orchestre ivre. Le clarinettiste a le plus grand mal à maintenir d'aplomb sa cannette, coincée entre le coude et les côtes. Deux trompettistes : l'un souffle à se faire péter les varices, l'autre s'essuie le front. À côté, le trombone obèse reprend haleine. Le tambour frappe, frappe ; mon cœur cogne, cogne. Un échanson hilare distribue les bières. Deux enfants en robes de communiantes me remettent une image sulpicienne et lancent des confettis. Derrière l'orchestre s'animent les danseurs. Ils sont déguisés en guépard, emblème du village depuis les temps païens – ce même guépard que montait Dionysos enfant. Ils dansent la *chinelos*, la « danse du tigre ». Derrière les danseurs, quelques ménades se dandinent et des fidèles portent la statue de saint Antoine. On s'enivre sous ses yeux paternes. Est-ce vraiment une fête religieuse ? Mais la religion n'a jamais rien eu de religieux. La ville se livre innocemment à ce « péché » dont elle se confessera demain sans la moindre contrition, comme on se lave les mains (s'il y a bien un vice qui ne prendra jamais racine dans ce pays, c'est le puritanisme). Partout, des bannières, des crucifix sanguinolents, des Vierges éplorées dans le style des *pasos* sévillans. On adore les images : le catholicisme mexicain est une idolâtrie. L'air est saturé de musique, car une autre mélodie se mêle à la fanfare. À l'autre bout de la procession, un deuxième orchestre, mais triste, mais funèbre, est animé par les vieux de la ville. En tête de cortège, la vie, l'exubérance, la volupté. À l'arrière, la mort, le sérieux, le sang-froid. La tristesse des pardons bretons, l'ivresse des bacchanales, la gravité des autos sacramentales, tout cela réuni en une seule procession : un chef-d'œuvre de fête. Non, le vieux Pan n'est pas mort et j'ai sous les yeux mon idéal : Christ et Dionysos, réconciliés. Panthéisme : dieux merci, il faut tout prendre. « Au cours de ces journées de fête, note Diego Durán dans son *Histoire des Indes* rédigée à la fin des années 1570, j'entendais des chants en l'honneur de Dieu et des saints qui étaient mêlés de leurs métaphores et de choses anciennes que seul comprend le démon, qui les leur a enseignées. » Ce n'était pas le démon, cher Diego, c'était Pan. J'hellénisais cette célébration à plaisir, car toutes ces scories païennes me rappelaient à mon propre métissage, gréco-romain et judéo-chrétien.

Ce n'était pas une mascarade folklorique. Rien de ce spectacle affligeant auquel nous avions assisté à Mazatlán, où un Indien en costume d'apparat se trémoussait sous l'œil froid des smartphones – cet œil sans paupière, cet œil de charognard –, pieds nus sur le bitume, réduit à ce dernier recours pour animer une tradition morte, comme on galvanise le cadavre d'une grenouille. Ici, j'étais le seul *gringo*. J'avais honte de mon accoutrement de cycliste. Mais voyager, cela a toujours signifié : *faire tache* (avec plus ou moins de mauvaise conscience, car la tache s'étend par capillarité).

Le lendemain, je rencontrai le curé d'Olinalá. Il me fit voir la « chambre des saints ». C'était une pièce attenante à la sacristie, où l'on entreposait les images. Elles attendaient dans l'ombre la gloire des processions de midi. Il y avait le Christ Sauveur des hommes, le Christ de pitié, le Christ Vengeur, comme il y avait eu Zeus Père, Zeus Sauveur, Zeus Cronide et bien d'autres encore, chaque épiclèse soulignant des attributs différents de la toute-puissance divine. Dieu Jaloux-Dieu d'Amour… Il n'y a pas à choisir car il n'y a pas d'exclusive.

Il me dit que la ville compte huit chapelles pour huit quartiers. Chacune a son saint protecteur. Il y a aussi saint François, le patron de la ville. Cela fait donc neuf processions solennelles. Et encore, il ne compte pas les fêtes ordinaires du calendrier liturgique, ni les baptêmes ni les enterrements, qui sont autant d'occasions de faire la bamboula. Il est rare qu'il se passe une semaine sans fête. Plus tard, je devais assister à un enterrement. L'orchestre, gai et triste, me prendrait à nouveau aux tripes. C'est aux enterrements qu'on comprend le mieux l'âme furieuse de ce pays. Son amour de la vie, sa fascination pour la mort – qui sont en fait la même chose.

Au Mexique, les superstitions font bon ménage avec le christianisme. Le clergé, du reste, ne voit pas ça d'un mauvais œil. Car les prêtres sont ici des hommes d'Église avant que d'être des hommes de Dieu. Ils sont pragmatiques : leur but est de tenir la baraque. Ils se soucient moins de la pureté de la foi que du respect des rites. Être prêtre, dans ce pays, c'est d'abord s'assurer que les fidèles *fassent les gestes*. Croire, comme sous l'Antiquité, cela signifie : se mettre en règle avec les dieux. Il n'est pas grave de tromper sa femme, mais il est sacrilège de ne pas consacrer un cierge à la Madone après avoir tiré son coup. Quant à savoir si la foi est sincère ou non, c'est là une marque de raffinement dont on ne s'embarrasse guère quand les cinq églises d'une ville sont combles deux fois par jour. C'est même, à coup sûr, un signe de dégénérescence. Le Kierkegaard de service qui se pose des questions, on lui dit : « Prends garde, Satan aussi s'est posé des questions ! » On s'inquiéterait d'un séminariste zélé qui foudroierait la superstition. Ici, on croit parce que tout le monde croit. Se couper de l'église, c'est se couper de sa famille, de son village. Et dans une certaine mesure, de son pays. Car pour ce peuple déshérité, le culte de la Vierge de Guadalupe fait office de sentiment national. Le Christ est partout présent. Il est dans toutes les bouches, sur tous les murs. On achète sa pâte à la *tortillería* « Santa Madre », et sa viande à la boucherie « Cuerpo de Dios » (authentique). Cette foi moutonnière me rebutait. À la vue de toute cette curaille gominée, j'étais heureux d'être membre d'un pays où le cléricalisme n'avait plus prise. Xavier souffrait. Il ne reconnaissait pas tout à fait sa propre religion. Il y avait un malentendu sur le sens du mot « catholique », comme il y a toujours un malentendu sur le sens du mot « universel ». Il constatait qu'un culte, pour être populaire, devenait méconnaissable. « Les catholiques de France qui se complaisent dans la nostalgie devraient jeter un coup d'œil outre-Atlantique, disait-il. Au sens propre, ça leur changerait les idées. » Que faut-il préférer, d'une foi grégaire entachée de superstition, encadrée par une curaille embourgeoisée et suspecte de pharisaïsme, ou d'une foi pure, réservée aux âmes d'exception ? Et peut-on juger de la qualité d'une foi ? L'ardeur d'un saint vaut-elle mieux que l'obéissance aveugle de tout un peuple ? Questions oiseuses… N'est-ce pas précisément ce qui fait le charme d'une religion, que le charbonnier, le mystique et l'érudit y trouvent également leur compte ?

Pour ma part, je comparais la foi à un arbre qui a besoin, pour prospérer, d'un climat et d'un sol particuliers. Les missionnaires étaient des jardiniers zélés qui avaient implanté aux quatre coins du monde des boutures plus ou moins heureuses, sans jamais se soucier du climat. Parce qu'ils avaient arraché la végétation préexistante, retourné le sol, brûlé les terres et les racines, ils s'émerveillaient de ce que les populations indigènes, affamées, missent tant de ferveur à faire pousser leurs greffes. La foi *prenait*, disaient-ils. Elle prenait, mais comme une fleur en pot. Elle ne donnerait jamais d'aussi beaux fruits qu'en Europe. Ce que l'arbre donnait en Amérique était abondant, mais fade et peu nourrissant, comme tout ce qui s'obtient par forçage. Pour l'entretenir, les apprentis jardiniers se tourneraient toujours vers Rome d'où la foi était née et où elle plongeait ses véritables racines. Et quand l'arbre mourrait à Rome, il mourrait en Afrique, en Asie, en Amérique. Avec un temps de retard, mais il mourrait.

Je me souviens d'un jour où Xavier s'était mis à l'écart pour prier. Un prêtre vint le voir, lui posa la main sur l'épaule et lui demanda : « Ça ne va pas, mon fils ? » Xavier lui sourit, pensant en lui-même : « Bon prêtre, tu es généreux, mais par pitié fous-moi la paix ! » Xavier n'eut pas une heure de calme dans ce pays bruyant. Le silence, comme en France, il le cherchait dans les églises. Mais les églises étaient combles. On y priait Dieu en vociférant dans les micros. Elles ne brillaient pas de la lueur vaillante des lumignons, mais du clignotement des décorations de Noël. Elles ne sentaient pas la cire, l'encens et la poussière. Elles ne sentaient rien du tout : l'électricité n'a pas d'odeur. Nulle flammèche à côté du tabernacle, mais une bougie artificielle, une flamme en plastique et sans vie – suprême dérision jusque dans le saint des saints. Dans ce décor de fête foraine, mon ami repensait aux églises de France. Et il voyait à quel point la vie spirituelle est charnelle et dépend de conditions sensibles.

D'où nous venait, au Mexique, cet insatiable besoin de paix et de silence ? Je le mets d'abord sur le compte de l'épuisement physique. Voyagez en voiture avec un portefeuille bien garni : frais et dispos, vous goûterez sans fatigue à ce qu'un pays a de meilleur à vous offrir. Voyagez sans le sou à vélo dans les montagnes : c'est un tout autre pays que vous verrez alors. Mais notre sensibilité au bruit était peut-être l'indice d'un vieillissement précoce. Le christianisme ici n'avait pas cinq siècles. Le peuple trouvait en lui une occasion de fêter la vie. Nous autres Européens, issus d'une civilisation agonisante, nous y puisions surtout de quoi nous préparer à la mort. Loin de nous emballer pour les œuvres de Mission – fredaines de jeunesse –, nous cherchons à nous retirer du monde. Ainsi, certains Grands d'Espagne, après avoir guerroyé toute leur vie, se terraient dans les monastères pour se sanctifier avant le Jugement.

Sotériologie de comptoir

Une autre chose est assez piquante dans ce catholicisme sauce mexicaine, ce sont les crucifix. Jamais je n'avais vu une telle débauche d'horreurs. D'église en église, rebelote, l'Homme des douleurs nous montre Ses plaies. Voilà deux mille ans qu'Il agonise. On attend en vain la coalescence de ces lèvres de sang.

Les Aztèques sacrifiaient à Xipe Totec, « Notre Seigneur l'écorché », dieu des Pluies et de la Germination. Dans ces crucifix sanguinolents, je vois un autre

« Seigneur l'écorché », lui-même symbole de la mort à soi et de la fécondité (« Si le grain ne meurt… »). Ce *gore* chrétien me dégoûtait. Cherchait-on à nous culpabiliser ? à nous apitoyer ? « Je pensais à toi dans mon agonie ; j'ai versé telles gouttes de sang pour toi » (Pascal). Je n'aimais pas beaucoup ce ton sulpicien ni cette complaisance malsaine pour la douleur. Quand on souffre, cependant, je conçois qu'on voie les choses d'un autre œil. Le crucifix ne dit plus : « Toi qui ne souffres pas, vois comme Je souffre pour toi. » Il dit : « Toi qui souffres, vois comme Je souffre *avec* toi. Ta douleur est la mienne et participe au salut du monde. »

Peut-être jugeons-nous la souffrance absurde parce qu'il nous est devenu impossible de voir qu'elle participe d'un équilibre mystique. Qui comprend le mot « rédemption » ? Les Aztèques sentaient cela, qui sacrifiaient pour rembourser les dieux : la souffrance n'est pas un scandale, et les dieux ne sont pas cruels. Leur « cruauté » n'est rien d'autre qu'un sens aigu de l'égalité : en nous prenant la vie, ils ne font que reprendre leur dû. Il y a là comme un fond de croyance immuable. La mort « rembourse » la vie. La douleur « paye » la volupté. Tous les contraires sont sur les plateaux d'une balance et ce qu'on prend à l'un on le donne à l'autre. Souffrir, c'est effacer l'ardoise : *credo* du dolorisme. D'où un fond de culpabilité, comme si on ne pouvait jouir de la vie innocemment. Car si on ne souffre pas soi-même, sans doute, d'autres souffrent pour nous : victimes s'ils n'en ont pas conscience ; saints, si c'est de leur plein gré. Ainsi, l'extraordinaire confort dans lequel vit l'Occident se paye de la souffrance d'un ensemble inimaginable d'êtres vivants. La vision de l'immense détresse qui rend possible notre prospérité nous en gâcherait la jouissance. Aussi nous ne voulons pas la voir, et l'abrutissement d'images et de musique dont nous nous indignons si souvent, satisfait en fait notre besoin d'aveuglement. Nous acceptons tacitement cet arrangement : payer, mais que ce ne soit pas de notre poche. « Et si nos plaisirs avaient le goût de sang ? » se demande le moderne, jouisseur raffiné qui aime à se torturer la conscience.

Cette fatale propension à la guerre, cet amour inavouable de la mort et de la destruction qui reprend l'homme tous les siècles, cette manie qu'il a de se mettre à la diète, son inexplicable désir de compliquer sa jouissance, de l'assaisonner de souffrance et de compenser par de menues privations un bonheur jugé trop « facile », et même l'astreinte inoffensive du sport, cette ascèse gratuite, ces jeûnes privés de but, tout cela vient peut-être d'un obscur besoin de pénitence. Pauvre homme ! toujours à expier son plaisir, à *se faire violence*, à s'infliger lui-même de petites cures de malheur… Sur ma bicyclette, est-ce que je fais autre chose ? Nous condamnons la cruauté des Aztèques mais il n'est pas dit que nous n'en soyons pas coupables nous-mêmes, quoique de façon plus subtile.

Le monastère de Chapala

Klaxonné, frôlé par les semi-remorques, poursuivi par les chiens, harassé par un effort dont je ne voyais pas le sens, ou plutôt dont je sentais distinctement l'absurdité, et dont je ne pouvais pas me plaindre car c'est moi-même qui me l'infligeais, je pensais au monastère de Saint-Wandrille, dans les boucles de la Seine. Moines, je vous enviais. Les tombereaux de plastique éparpillés sur le paysage suscitaient en moi une nausée tenace. Ce qu'on appelle « nature » est une pousse rudérale entre deux villes. Et toute cette ordure, impossible de s'en affliger sans passer pour acariâtre : « Vous ne cessez de vous plaindre… si vous n'êtes pas contents, allez voir ailleurs ! » C'est ce que nous faisions. Mais ailleurs, c'est toujours ailleurs. Voilà neuf mois que ce manège durait. Où es-tu, Eldorado ? Notre voyage nous confortait chaque jour dans notre désir de fuir, en même temps qu'il consacrait l'impossibilité de toute fuite. Partout, les mêmes maux : télévision, bruit, pollution, obésité, culte de la richesse, obsession du confort, abêtissement numérique, publicité (dont la vertu émétique ne sera jamais assez louée). Certes, le pays « se développait ». Mais à quoi bon le développement quand les biens naturels, les plus grands biens qui soient, les plus essentiels, sont ravis ? Silence, Beauté, Solitude (oui, allons-y pour les majuscules !), je vous ai cherchés. Vous êtes derrière mon dos ou au-devant de moi. En France quand je suis à l'étranger. À l'étranger quand je suis en France. Je tends les mains pour boire à la source qui me délivrera de mon tourment et l'eau, bien en vue, reflue hors de portée.

À Jocotepec, c'était la fête du patron de la ville. Voilà six jours que la foire battait son plein. Un manège crachait une techno des plus entraînantes où l'on reconnaissait, mais défigurée, la *Toccata* de Bach (ce qui est triste dans la laideur, c'est la beauté gâchée). Répété cent fois par heure, ce dégueulis musical aurait décidé le plus forcené des athées à l'érémitisme. Nous avions englouti, sur un banc de la place centrale, une dizaine de *churros*. Le ventre plein, honteux d'avoir cédé à l'appel de la friture, les divertissements forains nous inspiraient un sentiment de tristesse. *Post churros animal triste.* Aussi j'approuvai Xavier quand il me proposa de foutre le camp. Il m'avait signalé un monastère sur les hauteurs du lac Chapala. Les religieux, disait-il, sont les sourciers du silence. Ils n'ont pas leur pareil pour trouver les lieux de paix. Trois heures plus tard, purifiés par une rude ascension, nous étions aux portes de la chartreuse. Une religieuse vint à notre rencontre. Je me souviens de son visage lumineux et paisible. Elle eut cette phrase tirée d'un roman de chevalerie : « Je suis sœur Gratienne de Tours. » Non, tout n'était pas perdu, puisqu'il existait quelque part dans le monde une sœur Gratienne de Tours. Sait-elle seulement que notre espoir repose en elle ? Elle devina qu'elle avait affaire à deux frères, comme elle assoiffés de beauté et de paix. À elle nous pouvions tout dire, et à demi-mot. Si nous nous disions « traqués », « aux abois », nul besoin d'expliquer. Elle comprenait. Nous étions enfin de plain-pied avec un être. Cela rassure, car à certains moments je me croyais fou. Lorsqu'on souffre du bruit que fait le monde, et que le monde vous regarde étonné : « Quel bruit ? », alors on prend peur. On se croit atteint d'un délire obsidional. « Après tout, se dit-on, je suis trop sévère. Sans doute, je suis épuisé par la route. Et puis, il n'y a rien de nouveau sous le soleil. Le monde n'est ni meilleur ni pire qu'avant. Tout ce qui m'afflige a toujours existé. Il faut suivre l'exemple des sages : rentrer en soi-même, s'accommoder du monde… » Seulement, on est jeune. Cette retraite précoce n'est pas dans l'ordre, ni la désertion dans notre nature. À se détacher trop tôt, on se prépare du remords pour plus tard. Que faire ? Une part de nous exige l'action, et méprise le détachement comme une lâcheté. Une autre réclame la retraite, et méprise l'action comme une vanité.

Sans doute n'est-il pas sain de désirer trop tôt le détachement. Cette sagesse est un peu prématurée : « *Primum vivere deinde philosophari* », dit l'adage, qui est idiot. À vingt ans, il faut jouer le jeu du monde et de l'ambition, quand bien même on en percevrait l'inanité… Mais je parle ici contre mon sentiment. Il est impossible de désirer ce qu'on méprise. Quiconque a tendu trop jeune une oreille aimante à Socrate ou à Jésus-Christ est condamné à vivre en porte-à-faux parmi les hommes.

La religieuse nous fit voir la chapelle. Au pied de l'autel, le silence n'est pas l'absence de bruit. Il est la paix même. Le soir, nous campions autour du feu. Est-ce parce que ce souvenir se détache sur un fond de tristesse, comme le feu de bivouac dans la nuit du désert, qu'il a laissé en moi une empreinte indélébile ? Une soirée comme celle-là me dédommageait de toutes les peines du jour.

Acédie à Ligui

La cuisine mexicaine que nous avions d'abord découverte avec appétit ne nous semblait plus qu'une variation gloutonne sur le thème « *tacos* ». Les haricots nous gonflaient de flatulences. Divin Pythagore, tu t'en abstins ! Excédé par ce régime, je finis par tomber malade. À Ligui, nous trouvâmes une bonne âme pour me recueillir. Allongé sur le canapé d'un inconnu, mitonnant dans la moiteur infecte de mon mal, je me demandais ce que je faisais là. Mes rêves s'évaporaient. J'étais parti pour rester fidèle à mon idéal : faut-il rester fidèle à une erreur ? J'avais la prétention de voyager par goût de l'action : est-ce agir que de pédaler toute la journée, et de gribouiller le soir des lignes qui ne laisseront pas plus de marque que le sillage d'un bateau sur la mer ? Résultat de l'expérience : néant. Je ne *réalise* rien, si ce n'est mon erreur. Mon voyage est une clownerie. Ma vitalité s'exerce dans le vide. L'aventure, cette grande *vacance*... Je réclamais une épreuve, et voilà qu'en la vivant, elle me laisse une impression de vide. Mais le vide est au fond la moelle de ce voyage. Tout le reste est bavardage. Il ne me reste qu'à me taire...

... bla-bla-bla, voilà que ça me reprend... Le renard glapit, la pie caquette, l'homme blablate. Courage, il n'y en a plus que pour cinquante pages.

Je me souvenais du message que m'avait envoyé ma mère. « Je n'ai pas grand-chose à te raconter. Ici, la vie continue... » Si elle savait comme ma vie de routier n'a pas plus d'intérêt que la vie routinière. Ou plutôt, comme elle en a autant. « On a coupé le figuier à côté de chez les Durand, et j'ai planté à la place l'olivier qui végétait dans le coin de la Vierge. » Je connais ce figuier pour y avoir grimpé tant de fois. Le « coin de la Vierge », si je ferme les yeux, je le retrouve en moi. « Ce matin, il y a du givre. » Ma mère n'a pas à *décrire* le jardin sous le givre.

Elle dit : « Il y a du givre », cela suffit. Je sens craquer les brins d'herbe sous mon pas. Je vois scintiller le glacis des feuilles de laurier. Je désire l'hiver sous les tropiques. Que lui répondre ? Tout ce qui me venait me paraissait d'une vacuité désolante. Un fatras de balivernes, une succession d'épisodes sans sujet : précisément ce qu'on appelle un « récit de voyage », genre littéraire assommant et mensonger (à chaque page, on y risque l'ennoyade). J'aurais pu faire de jolies phrases, décrire l'âpreté des paysages californiens, prétendre que leur « désolation » s'accordait à la mienne. Mais ces artisteries me parurent misérables. Tant d'ornements et si peu de substance. Tant de paroles, pour les paroles seules.

Acédie ! j'étais parti pour te fuir. Mais toi aussi, ma garce, tu voulais voir du pays. Tu viens me séduire au sommet de ma jeunesse, quand la pureté du matin est passée, quand la journée paraît bien longue avant le repos du soir. Tu as pour moi une tendresse que tu refuses à mon ami Xavier. Tu me dis : « Samuel, regarde ! Ta vie est un mensonge ! Quelle farce ! Toujours tu chercheras la grandeur, et ne seras jamais que le singe de ton idéal. Tout ce que tu fais, dis, écris est vain. Je te rendrai muet. » Je me bouche les oreilles. Je ne veux rien entendre. J'entends ton rire chantant, qui est le mien. Je te prie de me laisser à mes chères illusions. Tu réponds : « Je suis fidèle en amitié. Isole-toi dans le Sahara, je te suivrai. Abrutis-toi dans les villes, je serai là. Et jusqu'au pied de la Croix tu peux compter sur moi. Il n'y a qu'un lieu auquel je n'ai pas accès : auras-tu le courage d'aller y voir ? » Je t'interromps : « Suffit ! tu en as acédie comme ça ! » Car c'est avec un brin d'humour que l'on congédie Satan.

Le lendemain, j'étais guéri. Sain, c'est-à-dire un autre homme. Plein de vigueur, je désirais à nouveau « bouffer de la route ». Que faire de cette vision ? Les angoisses qui naissent dans les nuits d'insomnie sont-elles la vérité ? Ou sont-elles d'autres illusions, plus sournoises que les autres, puisqu'elles se présentent comme des désillusions ? Ainsi, le chrétien se demande parfois si les lumières qui se font en lui ne lui viennent pas du diable.

La mangue

La route grimpait à n'en plus finir, suivant le serpentement d'un cours d'eau. Je le voyais briller en contrebas, fil d'or sur le fond ocre de la roche. Nous hésitions à nous baigner, craignant de couper l'élan de l'ascension. Mais la chaleur était exténuante, et le ruisseau ne cessait de nous faire de l'œil à travers les halliers de mezquites. N'y tenant plus, j'appelai Xavier. « À la flotte, mon vieux ! » Ce fut une débandade. Nous dévalâmes la pente qui nous séparait des bassins et sautâmes dans le ruisseau. Volupté ! Dans nos corps brûlants, il y avait de la douleur, et voilà que le plaisir lui succède... La joie était si vive que mes hésitations sur la route me parurent peccamineuses. J'aurais pu rater ça, par « goût de l'effort ». Ce qu'on peut être idiot... Les *faux péchés* : on croit que c'est Satan qui tente, quand c'est Dieu qui invite.

Nous reprîmes l'ascension avec entrain. Je n'avais pas mangé depuis le matin et je sentais petit à petit mes forces m'abandonner. Quinze minutes plus tard, coup de bambou, je posai pied à terre. Xavier n'avait pas de sucre. Bientôt, une voiture passa. Le conducteur nous remit à chacun une mangue, si mûre que je l'épluchai avec les doigts. Mangue ! je mordis ta pulpe à pleines dents, je suçai ton noyau, les lèvres empoissées de jus, arrachant la moindre de tes fibres avec délice. Je mis dans ma voracité toute la reconnaissance dont je me sentis capable. Je te déchirais, je t'embrassais. Ta chair, je me l'assimilais. Je sentais battre dans mes tempes un sang neuf qui me venait de toi. Qu'il est bon de cueillir le plaisir, quand le désir est mûr ! Si tout ce qui croît sur terre croît pour donner du fruit, alors j'aurais voulu donner à mes frères, les hommes, quelque chose qui pût être aussi sain, aussi savoureux que cette mangue à la couleur éclatante, aussi grisante que le vin vermeil.

Aucune souffrance n'est absolument méprisable, fût-elle une simple ampoule. Il se cache trop souvent, dans le mépris de la douleur, une vanité stupide de dur à cuire, qui nous empêche d'en tirer les leçons, et qui, loin de nous aider à compatir, nous endurcit contre les autres. J'ai beaucoup appris de cette baignade, de cette fringale et de cette mangue, si j'en crois ce *concetto* noté le soir même dans mon carnet : « Nous sautons d'un plaisir à l'autre, comme sur des pierres de gué, de la naissance à la mort. »

San Juan Cieneguilla

Depuis Xochihuehuetlán, une route caillouteuse fait basculer dans l'État d'Oaxaca. Dès neuf heures, le soleil tape. Si le coup de pédale est trop sec, le pneu dérape. Il faut rouler avec force et douceur. À chaque virage, on s'attend à voir le col, mais c'est toujours le même lacet de route qui s'escarpe sans fin vers les hauteurs. On baisse les yeux. On se ramasse dans l'effort. On se concentre sur la piste, dont il faut éviter les roches et les creux. Qu'une côte soit longue d'un kilomètre, alors on compte les mètres et on sent sa fatigue. Qu'elle se déploie infiniment, alors on se dispose à un long effort et on roule mieux. Là-haut, la courte descente vers le plateau de Zapotitlán n'offre guère de repos. La piste est cabossée. On va lentement, les mains sur les freins, les bras tremblant de vibrations, sans jouir du panorama. On arrive enfin sur la vaste *laguna*. On fait une pause sous un chêne au tronc tortueux, avec juste assez d'ombre pour deux. Une bise fait gazouiller les feuilles. On sort de son sac un de ces fruits succulents dont le pays regorge, et qu'il produit tout au long de l'année. On le savoure ensemble, car tout ce que nous vivons, voyons, mangeons depuis dix mois est partagé. La moindre goyave a le goût d'amitié. Autour, c'est toujours le même paysage montueux. Les montagnes à l'horizon sont des masses sans poids, voilées de lumière, échiquetées par les plaques turquoise des champs d'agave. Dans un rayon de cinq kilomètres, en revanche, elles sont bien visibles, ouvertes, écorchées, délitées. À la présence de verdure on devine un ruisseau, seul dispensateur de couleurs dans cet univers minéral.

De l'autre côté du plateau, on distingue le clocher de Zapotitlán, dont le rouge vif tranche sur la pâleur du ciel. Il semble que tout, dans ce pays noyé de lumière, doive *trancher* pour exister.

À Zapotitlán, on trouve des rues larges, poussiéreuses et sans arbre, flanquées de baraques en béton d'où l'on se croit observé. Sur la place centrale, quelques marchands finissent de remballer leur étal. « Pour les légumes, allez chez Inez, au coin de la rue, à droite, vers le bas » (geste de la main). Ici, les boutiques sont à demeure. Quand vous allez « Chez Lopita », vous allez vraiment chez Lopita, ou chez sa fille. On entre. Trônant sur son étal, impérieuse, Doña Inez et ses quatre-vingt-dix kilos. Passant brusquement de la clarté à l'obscurité, les yeux tardent à distinguer les couleurs. Il fait frais. Le corps est parcouru d'un frisson. Une télévision retransmet le prêche délirant d'un pasteur évangélique.

Dans le square central, le caquètement des *cuervos* fait un vacarme assourdissant. Leurs pennes ont de beaux reflets moirés. On est seuls. Les habitants attendent le soir dans leur maison, comme des crabes sous leur rocher la marée montante. Ce n'est qu'à dix-huit heures que la vie reprend. Mais nous autres, forçats de la route, nous devons repartir en plein cagnard. Pourquoi ? Parce qu'il faut avancer. Pourquoi avancer ? On creuse un peu. On comprend que c'est parce qu'on désire la fin. La vérité est qu'on veut rentrer chez soi. On voyage pour en finir avec le voyage.

En selle ! Le mouvement reprend. On traverse des villages somnolents, habités par quelques chiens xénophobes qu'on insulte au passage. Il nous reste peut-être une cinquantaine de bornes. Aber Wrac'h-Portsall : vingt-trois kilomètres.

Pour avoir parcouru cette distance à vélo tant de fois en Bretagne, elle me sert d'étalon au Mexique. Je me dis : « Plus qu'un aller-retour Aber Wrac'h-Portsall. Ce n'est rien… tu as fait cela mille fois. » Bientôt, on voit apparaître la dernière côte, balafrée d'une longue piste comme de la marque d'un fouet. Derrière, ce sera la descente vers San Juan Cieneguilla. En fin de journée, le ciel saigne. Quelques caillots de nuages coagulent à l'ouest, laissant un entrebail d'où le soleil jette un dernier coup d'œil. On arrive à San Juan moulus de courbatures, les yeux irrités par la transpiration, tout couverts de poussière et de sel. On cherche à se laver. Il est rare qu'on nous invite à demeure. Depuis le tourisme, les réseaux sociaux et la télévision, on se méfie davantage de l'étranger qui toque. Et puis nous sommes blancs de peau : cela suscite parfois un mélange d'envie et de haine, car les gens ne veulent pas croire que nous ne sommes pas de ces Américains auxquels ils ont des raisons d'en vouloir. On nous indique des chiottes publiques à côté d'un terrain de basket. Savonnés, détendus, portant une chemise propre, on en sort régénérés. On se sent à la fois épuisés et pleins de force, car, au bout du énième jour de route, la fatigue musculaire donne plus le sentiment de la vigueur du corps que de sa faiblesse.

Alors viennent les occupations du soir. Nous déplions la carte, encadrons le nom du village-étape, fléchons les routes du lendemain, relevons les courbes de niveau. Nous observons avec fierté le chemin parcouru. Nous faisons chanter ces *lieux-dits* qui pour nous, désormais, signifient quelque chose :

« Tu te souviens de la côte d'*El Chol* ? Regarde-moi ces courbes de niveau… on en a bavé, mon vieux…

Ojos Negros, c'est là où t'avais brisé ton cadre pour la première fois. José, le soudeur, nous avait tirés d'affaire en dix minutes. C'est lui qui nous fit goûter les figues de Barbarie. *San Sebastian*, le plus beau ranch de Basse-Californie. La maîtresse de maison nous avait fait un bouillon de lentilles. Manger autre chose que des cacahuètes, c'était bon. Des enfants aux yeux noirs nous couraient dans les pattes. Il faisait froid ce soir-là, on se croyait seuls au monde. Souviens-toi de Miguel qui nous avait logés chez lui à *Los Chiles*. Quatre murs de boue séchée ouverts aux moustiques porteurs de dengue. Il nous avait joué des airs *ranchos* sur son bandonéon. Tu te souviens d'Antonio, en Terra Caliente ? Il nous avait offert un jus de coco sur le bord de la route. On l'avait retrouvé dans sa grande maison ajourée. Sa femme était belle. Nous sommes restés une heure à paresser dans les hamacs, avant la côte de Teloloapan. Tu parles d'une côte… On en a bavé… Mais quelle arrivée !… »

Nous étions à l'âge où nous vivions nos souvenirs. Il m'arrivait de vivre le moment présent depuis l'avenir : je me brossais les dents à l'imparfait. Mais n'étais-je pas parti pour *vivre au présent* ? Je tombais dans le piège que je m'étais juré d'éviter : mon présent était du passé à venir. Non sans mauvaise conscience, je préméditais secrètement une petite fiente de récit « littéraire ». Je ne vivais pas un voyage, mais un récit de voyage. Cela me donnait la nausée : pour qui est épris d'action et de vérité, écrire sera toujours un acte suspect, ou répréhensible. On se donne une excuse : « L'aventure est imaginaire. On croit la saisir, elle n'est rien. Elle ne vaut rien. Elle est le fruit insipide de l'ennui. Elle n'existe qu'au futur ou au passé. On veut vivre une aventure ; quand on la vit, on veut l'avoir vécue. Le récit et le rêve précèdent le départ. Aussi bien, il n'est pas de voyageur qui ne parte avec l'intention de raconter son insignifiant périple. Vieuchange est mort pour une fumée. Christophe Colomb connaissait son Marco Polo et son Pierre d'Ailly. Et si les conquistadores n'avaient pas lu l'*Amadis de Gaule*, l'histoire de l'Occident en aurait été changée. » Mais cette propension à conter m'agaçait. On est toujours dupe des mots. Quand on commence à écrire, c'est là que commencent le mensonge et l'erreur (mes efforts pour exprimer le réel convergent en faisceau vers le silence). Et si je veux non plus écrire mais *vivre* un roman, alors c'est encore pire. Car c'est en voulant faire de sa vie un roman qu'on en fait quelque chose d'artificiel. C'est en travaillant à devenir un personnage qu'on devient un homme-mensonge (une « figure »).

Bientôt, la faim se fait sentir. On nous conseille d'aller voir José, en face de l'église, qui fait de remarquables « sandouiches italiens ». Au milieu de la pièce, une table en plastique, recouverte d'une nappe qui colle aux coudes. Dans un coin, le frigo Coca-Cola, distributeur d'obésité. Pour toute décoration, sur le mur, une casquette yankee, un fer à cheval, un crucifix, un dessin représentant le Caracara augural, becquant son serpent au-dessus de Tenochtitlán. Après avoir travaillé vingt ans en Oklahoma dans une chaîne de fast-food, José est revenu avec la ferme résolution de prendre son temps. Il dépose un steak, une feuille de salade et un bout de fromage sur une tranche de pain de mie avec une application édifiante. Entre-temps (l'opération prend vingt minutes), un garçon est venu passer commande. Il doit avoir dix ans. Il est gras, peigné avec soin. Il a cette inébranlable confiance en soi à laquelle on reconnaît immanquablement les imbéciles. Sa petite sœur le rejoint, curieuse de voir les « *gringos* ». Il la gifle, l'embrasse, lui tire les cheveux, la cajole, bref en use avec elle comme papa avec maman. C'est une belle graine d'affreux, une bonne pousse de salopard : un enfant plein de promesses. Il fait claquer sa langue, il crache, il siffle. Aucune délicatesse. Aucune grâce. À travers le fils, je devine son *macho mayor* de père. J'imagine aussi la mère, si fière d'avoir fait un petit homme, un *vrai*.

Le *panino* américain, cuisiné par un Mexicain, est servi sur une fausse porcelaine chinoise en véritable plastique chinois, avec de la pseudo-moutarde de Dijon. Ce salmigondis culturel, c'est le voyage à l'ère mondialisée. Je pense à la réponse de Kublai Khan à Innocent IV, écrite en persan et ouïgour, cachetée d'un sceau mongol de style chinois, fabriqué par un graveur russe, et envoyée au pape par l'intermédiaire d'un moine italien, et je me dis que Marco Polo dut avoir de ces mêmes surprises cosmopolites en haute Asie. La moutarde est « de qualité supérieure » et n'a pas le goût de moutarde. « Même et surtout ce qui est déclaré "*de qualité supérieure*", il faut se méfier », me dit Xavier. Cela vaut aussi pour les êtres. On félicite José sur son sandouiche. Il nous apprend qu'il a une autre spécialité. « Si vous venez demain matin, je vous ferai mes *camarones à la diable*. Vous m'en direz des nouvelles. Mais il faudra que je me lève tôt. Voyez-vous, les spaghettis ne cuisent pas dans l'eau froide. Il faut faire chauffer l'eau à l'avance, tout est là. » Le lendemain, avant de partir pour Huajuapan, nous faisons honneur à la cuisine de José. « Alors, les gars, on s'croirait pas en Italie ? » Avec un peu d'imagination, vrai, on s'y croirait.

Villaflores

On avait demandé au prêtre de Villaflores un coin où étendre nos duvets. « Je suis désolé, nous avait-il répondu, mais il me faut l'autorisation de l'évêque. Par les temps qui courent, etc. » Si peu de vertu réelle, et tant de vertu verbeuse et apparente. « Être prêtre au Mexique, me disait Xavier, c'est le bon plan. Tu deviens riche d'un coup. T'habites une grande maison. Une "bonne" mitonne tes plats et repasse tes chemises. T'as le confort, la considération, l'autorité. » Que demande le peuple ?

Nous dormîmes ce soir-là dans un hangar que la municipalité avait mis à la disposition des migrants. « Nous aussi, on a *nos* migrants, m'avait dit un jour fièrement un jeune bourgeois d'El Rosario, dans le Michoacán. Pour des tas de gens d'Amérique centrale, le Mexique, c'est presque les États-Unis. Ils viennent chercher du travail et vider les caisses de l'État… » États-Unis ou Mexique, il n'y en a pas un pour racheter l'autre. Chaque pays a besoin de son peuple-paillasson, sur lequel il essuie crânement son ressentiment.

Le hangar était vide. Il n'y avait qu'Alvaro, le gardien. Il avait perdu l'usage de ses jambes et se déplaçait sans bruit sur une chaise roulante.

« Vous venez d'où ?

— De France.

— C'est aux États-Unis ?
— Pas tout à fait.
— C'est pas là-bas qu'il y a la tour de Babel ?
— Ouais, la tour Eiffel (c'est tout comme).
— Qu'est-ce que vous venez foutre ici ?
— On fait un grand voyage.
— Pour quoi faire ?
— Voir le monde.
— *Que barbaridad !* Et vous allez où ?
— À Santiago.
— Pourquoi vous n'y allez pas en avion ? »

Il m'en coûtait de répondre : « Pour l'aventure. » Il fallait une bonne dose d'effronterie pour prononcer ce gros mot dans une *albergue* de migrants. Je sentais à quel point ma présence ici était déplacée. Pour Alvaro, le voyage ne s'expliquait que par un motif vital. On quitte son pays pour chercher du travail. Voyager *por gusto* était un de ces caprices que s'accordent les dieux de l'Olympe, qui n'ont que ça à faire que de tromper leur ennui et de suivre leur bon plaisir. Pour Alvaro, notre aventure était une *barbaridad* (cinq siècles après Montaigne, on nous renvoyait la fameuse insulte du barbare civilisé). Il avait l'habitude d'accueillir des migrants de la faim, qui allaient du sud au nord, dans le sens de la main-d'œuvre. C'était la première fois qu'il avait affaire à ces migrants de l'ennui, plus misérables que les autres, qui vont dans le sens des capitaux, du nord au sud. Pauvres de tout, fors d'une âme, les uns montent s'enrichir. Riches de tout, fors d'une âme, les autres descendent se divertir.

Pour autant, je me refuse à condamner les motifs profonds qui m'ont poussé à partir : désir de beauté et de détachement, refus de la grande duperie de notre temps. Il est une manière de traiter par le mépris les plus belles aspirations de l'homme, en les qualifiant d'« idéaux de boy-scouts ». Il est une manière de discréditer une réelle soif spirituelle, en la jugeant à l'aune des souffrances du corps, qui paraissent autrement plus urgentes. Notre Occident, certes, ne manque de rien mais il manque de tout. Il a tout et il n'a rien. Il lui manque l'essentiel, qui est tout. Romain Gary parle de cette peuplade autochtone, à Djibouti, tellement endurante à la douleur physique qu'elle ne consent à voir le médecin qu'à l'article de la mort. Là-bas, on meurt de n'avoir pas suffisamment cru en sa douleur. Il en va de même avec les souffrances spirituelles de notre vieille Europe. Ce n'est qu'à l'agonie qu'on se rendra compte enfin qu'il y avait bien quelque chose en nous qui s'appelait « âme », « esprit » (je ne discute pas le nom), et qui souffrait, et demandait à vivre. Et se crevait de n'être pas nourri.

Alvaro avait suspendu une petite radio aux poignées de son fauteuil roulant. En écoutant les publicités, je pris conscience qu'elles s'adressaient implicitement à une humanité *encore pourvue de jambes*. Combien de tentations, à propos desquelles Alvaro devait se dire : « Ce n'est pas pour moi… » ? La présence d'un estropié éveillait en moi la joie élémentaire d'avoir des jambes. Sacrées jambes ! Elles m'avaient mené de Paris à Villaflores. Allongé sur mon grabat, je les gratifiai de cette petite tape amicale que le jockey fait sur l'encolure du cheval après la course.

Le lendemain, à cinq heures du matin, j'entendis Alvaro se lever. Il faisait sa gymnastique sur le sol. Je ne me suis pas dit : « Quel homme ! quel courage ! quelle ténacité ! » Mais : « Quand même, il pourrait faire moins de bruit. Y en a qui pédalent toute la journée… » Tant qu'on n'a pas souffert soi-même, on ne sait pas compatir. Seul l'estropié connaît l'estropié.

L'Avenir

« Ça monte *doucement…* » nous avait prévenus le maire de Jaltenango. Sur la carte, les courbes de niveau parlaient un autre langage. Dans les campagnes de Chiapas, on n'a guère le loisir de faire du sport. Pourquoi aller à vélo, quand on peut aller en voiture ? Le cycliste est un crétin ou un citadin – ce qui revient peut-être au même. Il faut donc revoir toutes les estimations à la hausse. Le village d'*El Porvenir* (L'Avenir), notre fin d'étape, est perché à trois mille mètres d'altitude. Nous avions déjà bien des ascensions derrière nous. N'empêche, une montagne, ça intimide toujours. Et grimper, cela fait toujours mal aux jambes, même si on grimpe quotidiennement. Dit-on à un malade qu'il souffre moins de ce qu'il souffre tous les jours ?

Nous entamons l'ascension, pleins d'ardeur. Très vite, la côte devient *pesada*, « pesante », comme on dit ici. Je « prends la roue » de Xavier. Mon cousin n'est jamais aussi fort que quand il lui faut être fort pour les autres. Je vois ses épaules se tasser sous la contrainte du vent. Il m'abrite de sa carrure, je suis derrière un roc. Je tiens le rythme. Je fixe son pédalier, ses mollets fuselés. Je connais son corps comme Euryclée celui d'Ulysse. Il a une cicatrice à la cheville droite. Au cours d'un accident, les dents de son pédalier s'étaient enfoncées dans la chair. Il était *mordu* de bicyclette. Nous entrons dans la forêt. Moins de vent. Xavier me distancie de quelques mètres. Sa force éveille en moi un instinct féroce : je veux vaincre. Aussitôt, je me mets en danseuse. Il a compris, car nous sommes de la même race : nous n'aimons pas être le dernier, nous n'aimons pas ne pas être le premier. Il accélère le rythme. Alors commence cette guerre amicale qui nous pousse au bout de nous-mêmes. Il m'attaque, je le poursuis. Il gagne un mètre, je le regagne. La bave aux lèvres, les yeux fous, les jambes en feu, nous luttons. « Va-t-il enfin céder ? Mais comment fait-il ? » Meilleurs amis, meilleurs rivaux. Il tourne la tête. Toujours là ? Oui, toujours là. Il remet ça. En cherchant la victoire, nous nous hissons l'un l'autre. Le sait-il, que son énergie lui vient de moi ? Mais bientôt, je cède. Mon ami est meilleur que moi. Je me rassieds sur la selle ; vaincu, non humilié. Il jette un œil derrière l'épaule. Il voit que je suis vanné. Il n'est pas du genre à abandonner son compagnon de rang. Il hésite à ralentir. Je fais un signe de la main, que moi-même je lui ai vu faire bien des fois : « Va… va… on se retrouve là-haut. » Fiers tous les deux, nous avions autant de bonheur à nous porter secours que de réserve à le recevoir. Xavier s'envole vers les hauteurs, ivre de force, dans l'éclat de ses vingt ans – aux yeux du souvenir, il est encore plus beau. Ça ira pour aujourd'hui. Nous avons bien joué. Là-haut, nous nous serrerons la main.

Si nous aimions nous mesurer l'un à l'autre, nos luttes n'étaient pas toujours aussi âpres. Xavier surtout était las de toujours batailler. À quoi bon en rajouter à la fatigue de l'ascension ? Plus grand que moi, il m'apprenait la vanité de cette guéguerre qu'on mène contre soi-même ou les autres pour mesurer sa force. Il arrive un moment où l'on sait ce qu'on vaut. On n'a plus rien à prouver. On ne tient plus tellement à vaincre et si l'on perd, on n'en souffre plus. On n'a pas « baissé les bras », on a seulement perdu un peu de sa vanité. Ce n'est pas non plus qu'on n'a plus de fierté, c'est seulement qu'on ne met plus sa fierté dans les mêmes choses. Si j'étais plus lent que Xavier à atteindre cette sagesse, c'est que j'aimais trop à m'exténuer. Je ne me lassais pas de cette jouissance orgueilleuse qu'on tire de l'effort, et qu'on peut pousser jusqu'à l'exaltation, jusqu'au vertige. Je cherchais au bout de l'effort ce que d'autres cherchent au bout de la volupté (il y a du jouisseur chez l'ascète). Je pense à cette scène de l'*Iliade* où Apollon, ayant pris l'apparence du Troyen Agénor, nargue Achille qui le poursuit en vain : « Le dieu ne prend qu'un peu d'avance et se dérobe au tout dernier moment : c'est ainsi qu'il le berne, et le fils de Pélée espère chaque fois que ses pieds vont l'atteindre. » Enfin, Apollon dit à Achille : « Tu n'as donc pas reconnu le dieu en moi, pour que dans ta fureur tellement tu t'obstines ? » Il se cache derrière le désir un dieu polymorphe qui se joue de nous, et nous fait courir en tous sens, et se dérobe à notre prise.

Xavier et moi roulons désormais chacun de notre côté. Cette côte, décidément, n'en finit pas. L'Avenir est encore loin, séparé de nous par toute l'épaisseur du présent. Dans l'effort, le temps ne passe plus comme un torrent impétueux, mais comme une molle coulée de miel. Je regarde la vue. J'ai pris tant de hauteur, déjà. J'atteins une couche de brume. Quelle heure est-il ?

Sans soleil, je perds la conscience du temps. Les jambes souffrent. Soudain, la route fait un coude, je sors de la brume. Alors la Beauté m'apparaît dans toute sa majesté. J'ai sous les yeux la mer de nuages, d'une absolue pureté. Je pose mon vélo, le corps fumant de transpiration. Je me fais ce serment : « Toute ma vie doit être semblable à cette ascension. Je veux l'effort et la beauté... Oui, en ce moment, j'ai tout... Je ne désire rien d'autre... Que cette côte, que cette ascension se répètent, encore et encore, éternellement... » Sisyphe, rions ensemble du tour que nous ont joué les dieux. Nous ne sommes pas malheureux.

Xavier m'attend en haut de la côte. La nuit ne va pas tarder à tomber. Il fait sacrément froid. À la mairie du Porvenir, nous rencontrons Xotchil, « Fleur d'eau » en nahuatl. Xotchil a quarante ans. Sa fille fait des études de médecine à Tuxtla. Elle vit seule, car son mari l'a abandonnée il y a une vingtaine d'années, incapable d'assumer sa paternité. Elle a le visage plein, le teint mat, les yeux noirs. Elle nous pose des questions (« En France, il n'y a pas de pauvres, pas vrai ? »). Xotchil reste rarement chez elle. Elle a toujours un coup de main à donner. Sa joie est faite de la joie des autres. Elle rejoint le long cortège des femmes exceptionnelles croisées sur la route. Elle nous accueille chez elle. Nous faisons connaissance avec sa sœur, Dora Luz, dont le mari, chauffeur de taxi, travaille comme un fou pour payer l'université de leurs deux enfants, et dont le frère est parti *de l'autre côté* (États-Unis) à treize ans. Qu'est devenu ce frère ? On sait qu'il s'est marié à une *gringa*, et qu'il travaille dans un restaurant mexicain, dans l'Ohio. Dora Luz ne l'a jamais revu. C'est une autre vie. Le soir, en compagnie de la famille au complet, nous mangeons le *tamale*, moulé et cuit dans sa feuille de *canaque*. Le grand-père fait un bénédicité. Les yeux fermés, il nous recommande à Dieu. Il prie pour que notre voyage se déroule sans encombre, et que nous puissions revenir sains et saufs auprès de ceux que nous aimons. Le lendemain, il fait un temps magnifique. Sur le pas de sa porte, Xotchil nous serre dans les bras. Nous ne nous reverrons plus.

Tapachula

L'altitude constitue pour le grimpeur un précieux capital qu'il ne dilapide qu'à regret. On est avare des centaines de mètres durement conquises à la sueur de son front. C'est si beau, là-haut, qu'on ne veut plus entendre parler des villes. De notre promontoire, on juge nos semblables bien sévèrement : « Les hommes cherchent à se tenir chaud. Voilà pourquoi ils s'agglutinent dans les villes. S'ils mangent "une bonne pizza", le soir, ils sont contents, et leur vie passe à désirer la pizza du soir. » Des lettres nous attendaient à Tapachula, en poste restante. Il fallait quitter notre nid d'aigle, et décliner vers la mer. Il en allait de nos ascensions et de nos descentes comme des sinusoïdes de notre vie morale. On monte, on descend. On s'élève, on déchoit. Sans doute tout cela est-il aussi naturel, aussi nécessaire que le va-et-vient des marées. C'est le même chemin, dit le Sage, qui mène en haut, et en bas.

Nous goûtions sans joie au plaisir de la descente, qui ne requiert ni force ni agilité, simplement du laisser-aller. La vitesse est une griserie vulgaire, il ne s'agit que d'être lourd. Ce qui nous avait pris deux jours à monter, nous mettions deux heures à le dévaler. Ce n'était pas une descente, mais une chute. Nous nous étions arrêtés pour nous baigner dans un cours d'eau. Le cœur n'y était pas... Grimpeurs déchus, nous avions la nostalgie du sommet (nous l'aurons toute notre vie). Nous atteignîmes enfin la mer, à peu près dans l'état de ces Indiens guaranis qu'un ethnologue brésilien découvrit en 1912 non loin de São Paulo, découragés dans leur quête du Paradis perdu : « Ils avaient dansé inlassablement pendant plusieurs jours avec l'espoir que leurs corps, rendus légers par le mouvement continuel, pourraient s'envoler vers le ciel. Déçus, *mais leur foi intacte* [c'est moi qui souligne], ils s'en retournèrent, convaincus qu'étant vêtus d'habits européens et nourris de nourriture européenne, ils étaient devenus trop lourds pour l'aventure céleste[1]. » Nous avons grimpé, en danseuse, d'innombrables monts. Serions-nous trop lourds pour l'aventure céleste ? Comment faire pour rendre notre vie plus légère qu'une plume d'oiseau ? Il faut aimer la mort. Alors tout devient léger.

De toutes les villes que je connais, Tapachula est la plus triste. Ville des espoirs remâchés, des ambitions déçues, des promesses infiniment reconduites. On est un migrant fuyant l'Afrique. On a vendu boutique et maison pour atteindre les États-Unis. On atterrit à Tapachula, et les maigres économies sont grillées en trois mois

1. Mircea Eliade, *La Nostalgie des origines*.

dans l'attente d'un permis de transit, qui ne sera pas accordé. On est une étudiante française en mal d'évasion. On débarque dans ce trou du monde, dont il y a deux semaines on ne connaissait pas le nom. Aussitôt, on est pris de cafard. Qu'est-ce qu'on est venu chercher là ? L'exotisme ? L'aventure ? Mais il n'y a rien que des rues laides, bruyantes et sales. On veut aussitôt décamper. On appelle ses parents. « Tiens bon, ma fille, donne-toi au moins deux mois. » On tombe amoureux d'un Mexicain car il faut s'occuper. On fait un enfant et on trouve à s'occuper pour soixante ans. Chaque année, on se dit : « Je pars. » On ne part pas. Le week-end, on se promène dans le *Walmart* qui nous rappelle l'Europe.

On ne va pas à Tapachula ; on y atterrit. On n'y habite pas ; on y reste provisoirement. Tout indique la ville gluante et mal aimée. On sent que les hommes sont comme forcés d'y vivre à côté des uns des autres, retenus par le fil du besoin. Les Tapachultecs eux-mêmes lui reprochent d'y être nés. On la néglige, on s'en désintéresse. On aimerait la fuir. Seulement, il y a toujours une opportunité, une petite amie, un je-ne-sais-quoi fatal qui vous y cloue vingt ans. Les riches s'emmuraillent dans un *resort*, en marge de la ville. C'est là que vivait Viviana.

Viviana est une dentiste de trente-cinq ans. Elle habite une grande maison vide avec son chien. Elle travaille beaucoup, gagne beaucoup d'argent. Bientôt, elle fera un aller-retour à Mexico. Le programme est serré. 12 h 30 : déjeuner gastronomique. 16 heures : saut en parachute. 23 heures : concert. *Work hard, play hard.* Viviana s'affaire aux loisirs, comme elle s'affaire au travail. Sa maison est propre, d'une propreté ostentatoire. Tout y fait catalogue mais rien ne nous dit qui elle est. La décoration signale le désir d'être comme tout le monde, à moins que ce ne soit la peur de dénoter, mais cela revient au même. C'est une maison modèle, avec de jolies petites choses, munie de cette panoplie de gadgets qui facilite la vie et ne la rend pas plus simple. Tout, chez Viviana, est commun, et jusqu'à sa façon de se distinguer. Ainsi des photographies. « Viviana à Paris », « Viviana à Rome », « Viviana à Amsterdam ». Photos interchangeables, ni belles ni laides, semblables à des centaines de millions d'autres, clouées au mur comme une attestation d'obéissance au *devoir voyager*. Ce sont des souvenirs, comme les milliers de photographies que Viviana conserve sur son téléphone. Mais les souvenirs, comme dirait Plotin, c'est pour ceux qui ont oublié. Viviana a des souvenirs, elle n'a plus de mémoire : l'hypermnésie confine à l'amnésie. Cet intérieur confortable, conçu *according to foreign standards*, inspire le sentiment pénible d'une totale dépersonnalisation.

À l'Alliance française, nous rencontrons Rudolpho. Il est athée. « Je n'ai pas foi en Dieu, nous dit-il, j'ai foi en moi-même. C'est moi qui me lève tous les matins pour aller bosser. C'est moi qui me suis démené pour financer mes études. C'est moi qui bataille pour nourrir ma famille. Si je dis, comme ici : “Avec l'aide de Dieu…”, il n'arrivera jamais rien. “Si Dieu veut…”, dit toujours ma mère. Mais ce n'est pas à Dieu de vouloir, c'est à moi. Voilà pourquoi ce pays n'évolue pas. Voilà pourquoi il ne s'en sortira jamais. Il attend que Dieu travaille pour lui. »

Nous parlons du fameux « *así es* », expression qu'on entend si souvent dans les conversations, et qui a deux sens distincts suivant le ton avec lequel on la prononce. On peut rendre cette nuance en traduisant par : « c'est ainsi » ou « c'est comme ça ». *C'est ainsi* : calme résignation face à la nécessité implacable du sort, déclaration d'humilité et d'impuissance, soumission à la roue aveugle du destin. *C'est comme ça* : il faut entendre « c'est comme ça *et pas autrement* ». Le ton change. La formule est rédhibitoire. Elle intime la foi, l'obéissance, la soumission. Elle atteste l'autorité d'une opinion courante ou d'une croyance. Ce que recouvre le « *así es* », on ne le remet pas en question.

La vie de Rudolpho est en France. Il y habite depuis cinq ans. Il n'est pas question pour lui de retourner vivre au Mexique. Il s'est marié à une Française. « Quand je suis tombé amoureux de ma femme, c'est de la France que je suis tombé amoureux. Toutes les qualités que j'admirais en elle, c'étaient les qualités de la France. Et plus j'aime ma femme, plus j'aime la France. » La France est une femme fière, drôle, parfois insolente, courageuse, belle, exigeante. Elle intimide un peu. On ne la lui fait pas. Cette grande dame a du *chien*.

Cuauhtémoc et les kamikazes

Rien ne me touche davantage, dans l'histoire de la Conquête, que la vulnérabilité dans laquelle leur mépris de la dissimulation place les Aztèques. Cortés abat facilement leurs chefs, puisqu'ils s'obstinent à porter des boucliers d'or qui les désignent à l'ennemi. Cuauhtémoc est une cible facile, avec ses plumes de quetzal. Le camouflage est indigne du brave : « Ralliez-vous à mon panache blanc ! » Dans une civilisation guerrière, la roublardise, les stratagèmes, les parleries sont méprisés. Les mots, on laisse ça aux femmes. Mais cette hiérarchie entre les mots et les actes n'a plus cours chez les conquistadores. Pour eux, seule compte la victoire. Tous les moyens sont bons pour l'obtenir, y compris les plus déloyaux. La victoire de Cortés est une victoire de la ruse. C'est à Tzvetan Todorov que revient le mérite d'avoir si bien vu que les Aztèques ont été vaincus par un autre usage de la parole, qui privilégie toujours l'efficacité à la vérité. Ulysse, ce menteur, vainc Ajax qui dit toujours vrai. Et voilà ce qui m'émeut aux larmes : que le plus valeureux perde toujours, parce que le code de l'honneur auquel il a toujours soumis son action, et qui fit sa grandeur dans une société du courage, le condamne à perdre dans une société de l'efficacité, à laquelle il ne peut condescendre à s'adapter sans déchoir. C'est cela, le destin tragique : préférer une mort honorable à une survie honteuse, et personne pour applaudir. Mais qu'importe si le vulgaire ne comprend pas et ricane. Le vulgaire gagne toujours, il ne triomphe jamais. La foule crachait sur le Christ, comme elle riait de Socrate. C'est le Christ, c'est Socrate qui ont gagné : ils ont élevé l'homme pour l'éternité. Quiconque se fait un devoir de toujours dire la vérité est condamné à perdre, mais son échec est la plus grande victoire, ou plutôt : la seule véritable. On dit souvent que l'Histoire ne se souvient que des vainqueurs. Mais de quels vainqueurs et de quelle victoire parle-t-on ? Cortés gagne aux yeux du monde. À l'aune des lois éternelles qui font la grandeur de l'homme, il est défait.

De Cortés et de Cuauhtémoc (le jeune empereur aztèque détrôné, torturé et assassiné par Cortés), je fais un couple mythique. Forçant les contrastes entre les deux personnages, j'obtiens des caractères opposés, comme les images inversées d'un miroir. Cela donne à peu près ceci :

Cortés : esprit d'adaptation, roublardise, calcul, simulation. Cuauhtémoc : habitude du rituel, incapacité à improviser, maladresse. D'un côté : la modernité. De l'autre : la tradition. D'un côté : le renard. De l'autre : le lion. D'un côté : « La fortune favorise les audacieux » ; de l'autre : « Les dieux aiment les scrupuleux. » D'un côté : le souci de l'apparence et le goût de la parole ; de l'autre : le souci de l'être et le goût de l'action juste. D'un côté : l'action est dictée par les circonstances, en vue de la victoire ; de l'autre : par le code de l'honneur, en vue de l'honneur. D'un côté : on a gagné quand on a la vie sauve. De l'autre : on ne gagne que si l'honneur est sauf. D'un côté : le mondain. De l'autre : le héros. D'un côté : le jeu des circonstances et de la fortune (rien n'est joué d'avance). De l'autre : l'irrésistible appel de la fatalité. D'un côté : seul importe le résultat d'une action ; de l'autre : sa valeur d'exemple. D'un côté : le succès, la gloriole et le renom. De l'autre : l'échec, la gloire et l'apothéose.

Tout autant que le couple Cortés-Cuauhtémoc, celui formé par Moctezuma et Cuauhtémoc me fascinait. Moctezuma, après bien des atermoiements, avait ouvert les portes de Tenochtitlán à Cortés tandis que Cuauhtémoc avait pris les armes. Il y a là deux réactions face à une chute que l'on sait inéluctable : la soumission docile au *fatum* et le baroud d'honneur. Ou si l'on veut : l'attrait du suicide et l'appel de l'héroïsme. L'une et l'autre réaction aboutissent au même résultat, qui est la mort. Mais la mort étant certaine, il s'agit de savoir *quelle* mort il faut choisir. Il est vrai qu'il existe une troisième voie, toute de souplesse et d'intelligence, indiquée par la Malinche.

Moi qui venais du Japon, comment ne pas penser aux kamikazes, dont l'épopée était encore fraîche dans ma mémoire ? Les derniers mois de la guerre du Pacifique présentent une situation analogue à la Conquête. Sur le plan matériel, tout est joué : les Américains vaincront. Pourquoi les Japonais s'obstinent-ils dans un combat perdu d'avance ? Pourquoi cet acharnement à mourir ? Entre les GI et les kamikazes, je vois le même affrontement de deux climats moraux inconciliables. L'un, pragmatique. L'autre, idéaliste. Les deux camps cherchent la victoire. Seulement, ils ne mettent pas derrière ce mot la même signification. « Même si nous sommes battus, disait l'amiral Onishi, la noblesse d'esprit du corps kamikaze sauvera notre patrie de la catastrophe. » Autrement dit, peu importe l'échec. Si nous échouons noblement, si nous n'avons pas perdu l'estime de nous-mêmes, alors nous aurons vaincu. Qui meurt gagne, s'il meurt noblement : c'est l'optimisme macabre des samouraïs. « *Quand nous perdons, allons de l'avant, toujours de l'avant !* » chantaient les kamikazes. Il faut être d'une nature peu élevée, ou bien avoir la vue un peu courte, pour considérer le succès comme seul motif valable d'action. Ce pragmatisme américain qui départage les hommes en *winners* ou *losers* devait faire vomir les *bushi* de dégoût. Onishi attachait peu d'importance à l'efficacité pratique des attaques-suicides. Ce qui comptait à ses yeux, c'était leur valeur d'exemple, c'est-à-dire leur efficacité spirituelle. Les Américains, souvent imperméables à la grandeur, avaient le plus grand mal à le comprendre. « *Though this be madness*, pensaient-ils avec Polonius, *yet there is method in't.* » L'honneur aussi a sa logique et celle-ci paraîtra toujours stupide aux hommes pragmatiques. Les kamikazes avaient nommé leur avion « Ouka », « fleur de cerisier », antique symbole de pureté et d'évanescence. Les Américains les appelaient bombes *baka*, « stupide ». De leur point de vue – celui du bon sens, irréfutable et mesquin –, il est stupide en effet de se tuer « pour rien » (car les attaques-suicides causaient peu de dégâts). D'un autre point de vue, on est heureux que le sacrifice soit inutile. Cela prouve notre désintéressement. Et c'est à cela qu'on reconnaît le héros, qu'il consent à mourir pour nous montrer qu'il existe des valeurs plus précieuses que la vie. La mort est l'ultime témoignage. C'est là l'exact contraire du nihilisme, puisque cette mort est toute brûlante de conviction. Un homme sans foi est certes capable de suicide, il est incapable de sacrifice. Chez certains êtres, cependant, le désir du suicide et celui du sacrifice sont indémêlables. Ce sont les deux brins dont est faite la corde que ces malheureux se passent au cou. Byron ? Péguy ? Saint-Exupéry ? José Martí ? Mishima ? On aborde là le secret des âmes.

Cortés-MacArthur, Cuauhtémoc-Onishi : deux philosophies de l'action irréconciliables. L'une, machiavélienne, est toute de prudence et d'économie. Elle nous conseille de nous ménager, d'attendre le moment opportun pour agir. Elle vise le succès et nous fait accepter à cette fin tous les compromis. L'autre est sacrificielle et radicale. Elle ne transige pas. Elle nous pousse à nous consumer comme une chandelle pour éclairer les hommes. Elle se fiche de réussir dans le monde. Il n'y a pour elle de réussite que spirituelle. L'une dit : « Il faut vaincre pour vivre. » L'autre : « Il faut se laisser vaincre. Le martyre est la seule victoire. »

Bovarysme

À partir de Quetzaltenango, j'ai peu de souvenirs. Xavier et moi roulions comme des forçats, aveugles au paysage. Comment chanter la splendeur des forêts polluées, la pureté des sources contaminées ? Les bas-côtés encrassés de détritus, les bouteilles de Coca remplies d'urine, les cadavres d'animaux aplatis par le passage des voitures, voilà le *pittoresque* du routier. Nous étions prisonniers de l'asphalte, nostalgiques des sentiers et des pistes. Xavier n'a pas pris une seule photographie. Comment expliquer cette amnésie, et ce manque d'intérêt ? L'épuisement rend aveugle. Il éberlue. Il aigrit. Passé la frontière mexicaine, Xavier et moi étions dans le dur. La route était un supplice absurde ; l'aventure, une corvée. Au sortir d'une côte infâme que nous avions grimpée sans poser le pied, j'avais dit à Xavier : « Nous sommes des héros ! » Il me corrigea : « Nous sommes des imbéciles. »

Après dix mois de route, il en allait du voyage comme du mariage ou de la guerre : on s'est embarqué avec enthousiasme, puis viennent les épreuves, la lassitude, et les nobles idéaux de l'engagement ne nous apparaissent plus que comme des illusions de jeunesse. On ne sait plus très bien pourquoi on avance. Il ne s'agit plus que de *tenir*. Je trouve quelques échantillons de ce découragement dans mon carnet.

« Ultimes rejetons du romantisme, très remontés contre la Littérature (cette allumeuse), nous voyageons dans un monde qui n'est plus *voyageable*. Nous nous émerveillons des derniers débris de Terre, et pleurons la beauté perdue. Cherche-t-on un coupable ? Il n'y a que des complices, et nous en sommes. Vladivostok, Tegucigalpa, Quetzaltenango, Wadi Rum, Smara, destinations fabuleuses ! je vous prends pour ce que vous êtes : des noms. Je laisse aux écrivains désœuvrés le soin de chanter vos charmes imaginaires. Je ne suis pas poète, on ne me verra pas délirer. »

« Se peut-il que ce quotidien dépouillé, sans autre compagnie que celle d'un ami, sans autre nourriture que la plâtrée de riz, sans autre plaisir qu'un repos mérité, se peut-il qu'un jour je l'appelle "bonheur" ? Pressé par le besoin de m'inventer un paradis, je fouillerai mon passé à la recherche des quelques instants de joie qui nourriront ma nostalgie. Écrire est une pratique philosophale. Il n'y a qu'à laisser faire l'alchimie de la mémoire, qui transmue en pépites le gravier des souvenirs. »

« À quinze ans, l'âge bête, Xavier me parle d'un grand voyage. Je m'emballe. Dix ans plus tard, il me dit : "Partons !" Et nous partons. Mais à quoi bon voyager *pour de vrai* ? Le plaisir d'une aventure est dans les mots. L'action, vaine mise en branle, n'apporte que des déceptions. La plus grande joie de la vie, ce n'est pas de s'agiter comme une mouche mais de discuter de la nature de la Vertu et du Beau à l'ombre d'un platane, en compagnie d'une belle amie, un verre de bourgueil à la main. »

« *Bovarysme.* On y est enfin, en Amérique. On regarde autour de soi. Faut-il recenser le nom de ces arbres, de ces animaux, de ces mets inconnus ? Parce qu'ils sont à ma portée, leur étrangeté ne m'apparaît plus. Leur prestige se dissipe et il me faut aller chercher ailleurs ces fleurs de l'exotisme dont le parfum s'évente, aussitôt cueillies. Le charme du voyage n'opère qu'à distance, dans le désir, ou le souvenir. Entre les deux, l'éternelle monotonie du quotidien. On a beau savoir qu'il n'y a que le présent, et que demain sera pareil à aujourd'hui, l'imagination nous pipe. C'est elle qui nous fait courir en tous sens, à la poursuite d'un bonheur qu'on se désespère de ne jamais trouver dans les choses. Vieil âne mille fois abusé, on continue de courir après les carottes pourries qu'agitent sous notre nez une publicité rebutante, une littérature et un cinéma médiocres. Nos vies sont encombrées de fantasmes et ce sont eux qui nous font vivre. On est dupe, et on le sait. Dira-t-on que la sagesse est de s'en tenir au désir, et de ne jamais assouvir ? Des mots… on n'en fera rien. L'instinct qui nous trompe est si fort qu'on s'abandonne à lui de guerre lasse. C'est en nous que se trouvent les trésors que nous cherchons. Seulement, nous ne nous faisons pas confiance. Nous n'osons pas. Dans le livre de Job, le Seigneur demande à l'Adversaire : "D'où viens-tu ?" L'Adversaire répond : "De parcourir la Terre et d'y rôder." Les voyageurs sont tous disciples du Rôdeur. Quelle folie ! Voyager non par amour du voyage, mais par horreur de la stagnation. Se leurrer soi-même, et consciemment. Faire *comme si* on espérait et ne rien espérer. Tolérer l'illusion. Consentir à la frénésie du désir, à la mise en branle absurde de l'existence. Rouler vers la Colombie ou le Canada, désirer ceci plutôt que cela, *es igual*, ça m'est indifférent. Le tout est de se mouvoir : l'immobilité, c'est la mort. Mais quelle clownerie ! Et ce qu'il faut d'illusions ou de foi pour *vouloir* quoi que ce soit ! J'aspire à la béatitude des sages et des saints dont je me sens incapable. Aussi, je m'épuise dans la cage des méridiens, hamster aboulique. Homme ! Créature touchante et misérable ! Toujours à courir derrière la lubie inconsistante du bonheur ! Toujours à escompter autre chose, à attendre de l'inédit d'un avenir qui ne lui apportera que le même instant fugace ! Toujours à rêvasser un épanouissement illusoire dans je ne sais quel paradis, céleste ou terrestre, qu'il est impuissant à trouver en lui-même ! Toujours à faire des plans, à "avoir des projets", à réanimer pitoyablement ses illusions crevées ! Toujours à se laisser duper par les mirages de l'avenir, par les prestidigitations de sa mémoire ! Toujours à croire en un *meilleur* possible, quand ses efforts pour y tendre ne font que précipiter le *pire* ! Toujours à prendre ses désirs pour des réalités ! Quand bien même il atteindrait à la perfection des sages, il voudrait à nouveau déchoir. Comme le foie de Prométhée, son espoir se refait pendant le jour. L'Aigle de la lucidité vient s'en repaître la nuit (car c'est la nuit qu'on voit clair). Sa vie se passe à rêver. Comment conquiert-on la plénitude ? A-t-on jamais réponse à cette question ? Ma plus grande victoire serait de renoncer à toute espérance comme à toute nostalgie. Plus d'avenir, plus d'âge d'or. Un présent éternel. Le Christ ne disait-il pas que le "royaume de Dieu" était au-dedans de nous ? Pourtant, je voyage. Ma bougeotte dément mes sages résolutions. Si j'étais à la hauteur de mon idéal, j'arrêterais là mes gesticulations. Prisonnier du temps, je cherche l'Éternel. La mort résoudra seule cette contradiction. En attendant, je consens au mouvement. J'embrasse le devenir. J'enterre à jamais l'espoir du *définitif* ("à jamais" : encore une illusion !). Agir étant devenu pour moi impossible, je suis acculé à la contemplation. Un écureuil bondit de branche en branche. Adorable petite bête ! Cela est beau. Cela suffit. »

Mais tout cela, c'est de la littérature (qu'on me pardonne : à vingt-cinq ans, il faut bien faire ses gammes). Je retiens plutôt de Xavier cette phrase :

« Je suis impatient que le temps passe, pour que le bon Dieu nous montre ce pour quoi on roule. »

Enfin un peu de simplicité et de sagesse… Xavier et moi savons désormais qu'à chaque fois qu'on dit : « La vie est absurde », c'est qu'on a le nez dans le guidon.

Vincento

C'est à Gracias, au pied du mont Celaque, que nous fîmes la connaissance de Vincento. Ce pompier m'avait d'abord frappé par sa maigreur relative, car ses collègues dépassaient les quatre-vingt-dix kilos. On voyait tout de suite qu'il savait se tenir, et se possédait bien. Vincento m'attirait, comme m'attirent ceux qui se taisent et paraissent moins que ce qu'ils sont. Le soir venu, nous le trouvâmes seul dans la cuisine de la caserne, où nous faisions cuire notre riz. Je lui posais les questions d'usage : « Cela fait combien de temps que vous habitez à Gracias ? Le village a-t-il beaucoup changé ces dernières années ? » Oui, le village avait changé. L'asphalte et les smartphones avaient amené l'air des villes dans les campagnes, si bien qu'en lieu et place des villages, il n'y avait plus que des villes miniatures. Le béton avait tout enlaidi. Tout ce que nous apercevions, il y a vingt ans, n'existait pas. Nous autres voyageurs arrivions trop tard. Bref, j'entendais ce que je voulais entendre, et mes questions en disaient plus long sur moi-même que les réponses de Vincento n'en disaient sur lui.

Vincento n'avait pas toujours été pompier. D'abord ingénieur de l'armée, il avait tout quitté à trente ans pour gagner les États-Unis. Au bout de six ans, il avait été contrôlé sans papiers d'identité et renvoyé au Honduras. Sa véritable passion, c'était la peinture. Depuis l'enfance, ses plus grandes joies lui venaient de ses yeux. Voilà pourquoi il avait accepté ce boulot de pompier, qui lui laissait un peu de ce loisir nécessaire à la création. Il vendait quelques toiles sans parvenir à en vivre. Il lui fallait prendre une décision : devait-il se consacrer entièrement à la peinture ou continuer ce compromis ? Mais comment donner la pleine mesure de son talent quand on passe huit heures par jour dans une caserne ? Voulait-il qu'on se souvienne de lui comme d'un pompier de Gracias ou comme d'un peintre ? En Vincento se balançaient le goût de l'ordre et l'amour de la lumière. Il échappait à l'étiquette. On ne pouvait pas dire de lui : « C'est un artiste, il en a la sensibilité », sans ajouter aussitôt : « C'est un militaire, il en a la rigueur. » C'était un bel exemplaire humain, un homme complet, qui avait su développer les pans variés de sa nature.

Vincento avait supporté sans broncher toutes les humiliations de la vie de migrant. Cet ingénieur avait ramassé les crottes. Entré illégalement aux États-Unis, il connaissait les règles et les acceptait. Il nous disait que les Américains étaient bons pour ceux qui veulent travailler. Il y avait toujours moyen de se tirer d'affaire pour peu qu'on soit dégourdi et qu'on ravale sa fierté. Le migrant devait s'attendre à pouvoir tout faire et à ne pas se plaindre. C'était comme ça. Il nous disait qu'il y avait des gens bons et des gens mauvais partout. Ce n'était pas une affaire de pays. Il y avait des racistes aux États-Unis. Aux États-Unis comme ailleurs. Et à tout prendre, il avait trouvé *de l'autre côté* plus de gens honnêtes que d'imbéciles. Vincento n'avait aucune aigreur, aucun ressentiment. Certains de ses patrons avaient eu pour lui des actes de générosité qui lui interdisaient la médisance. En revanche, ce qui était pesant, c'était d'être toujours considéré comme mexicain alors qu'on est hondurien. Nous étions familiers de ces affirmations à l'emporte-pièce qui ne souffrent pas le contredit. D'un côté de la frontière, on a la peau mate, *donc* on est mexicain. De l'autre, on a la peau blanche, *donc* on est *gringo*. Ce n'est pas une affaire d'éducation élémentaire. Nul Jules Ferry n'y fera jamais rien.

Vincento nous parlait de son retour au Honduras. Il nous disait qu'on attend toujours du voyageur une connaissance en gros, qui tient en quelques formules lapidaires, chargées de l'autorité de celui *qui a vu*. « Les États-Unis, c'est comment ? Et les *gringos*, comment sont-ils ? » Ces questions pressantes attendent moins une réponse qu'une confirmation. Elles témoignent d'une curiosité à la fois avide et superficielle, qui se satisfait de peu et passe vite à autre chose. C'est une curiosité qui a déjà sa petite idée et n'aime pas à être déçue. Que faire ? Répondre des âneries qui seront écoutées, écrire un livre qui ne sera pas lu.

Je veux remercier Vincento et avec lui tous les pompiers qui nous accueillirent dans leur caserne. Je ne compte pas les coups de main que ces hommes nous ont apportés en Amérique centrale. Ils nous laissaient utiliser leur douche ou leur cuisine. Ils nous installaient un matelas dans un coin. Nous avons trouvé bien souvent secours chez ces gars dont le métier est d'attendre et d'agir.

La Esperanza

Le lendemain de l'ascension du mont Celaque, nous nous étions levés avec des *jambes de bois*. Voilà ce qu'il en coûte de se cuiter à l'effort. Les courbatures étaient telles que nous pouvions à peine les fléchir. Il en allait des jambes de bois comme des gueules : il faut remettre ça, juste un petit coup, et tout rentre dans l'ordre. Nous enfourchâmes à nouveau nos biclous, perclus de fatigue. Décision stupide, car la journée qui suivit aggrava notre cas. Ce jour-là, les noms de villages me parurent d'une cruelle ironie. Nous avions déjà traversé un « Paradis » bondé, un « Progrès » poussiéreux, une « Paix » bruyante. Le cul en compote, nous roulions vers *La Esperanza*. Un prêtre nous avait conseillé d'y aller voir son frère, car les prêtres sont toujours bien logés à l'espérance, et vous y invitent volontiers. Pendant trois jours, Andrès nous recueillit. Il se demandait d'où lui venaient ces deux Européens qui marchaient comme des pingouins (nous aurions donné cher pour un déambulateur). Xavier et moi dormions dans le même lit, épaule contre épaule. Tous les matins, au lever, c'était la même question : « Tes jambes ? – Pas mieux qu'hier, mon vieux... et toi ? – Douloureuses... » Dans mon orgueil, je m'étais méfié de l'Espérance comme de la force des faibles, et voilà que je m'y trouvais coincé. Je décidai d'y voir un signe.

Quand on s'est habitué à avancer tous les jours pendant des mois, le temps et l'espace finissent par se confondre tout à fait. C'est nous-mêmes qui mouvons le temps, qui l'animons par notre mouvement. Le voyage, au sens propre, *fait passer* le temps. Je pensais aux Aztèques, qui se sentaient responsables de la course des astres. C'était à eux de nourrir le Soleil du sang des sacrifices. Le cœur succulent des victimes, comme un fruit de nopal, regorgeait de cette *eau précieuse* qui donnait la force au *Quinto Sol* de se mouvoir et d'éclairer les hommes. Leur rite sacré figurait le cycle solaire : du bas du temple, la victime s'élève pour mourir sur la pierre zénithale, puis décline sur les marches, vidée de son sang. De mes ascensions, je faisais aussi un symbole. Du nadir, je m'élève au zénith et décline. Et cela tous les jours. Les roues rayonnées de mon vélo figuraient la Lune et le Soleil. Ces svastikas tournent sur elles-mêmes. Où vont-elles ? La Terre est ronde : elles ne me font jamais avancer que pour revenir au même point. Elles vont, voilà tout, et nous autres avec elles.

L'immense mécanique de l'univers était suspendue à mes mollets. C'était moi qui faisais tourner le manège.

Aussi le repos ne pouvait-il durer trop longtemps. Il fallait absolument rouler, sans quoi le temps ne passait plus. Toute pause me faisait enrager. Pédaler, c'était repousser l'assaut du néant. Mais à l'arrêt, je me déprends de cette illusion qu'en faisant tourner le pédalier, je fais tourner l'horloge. D'acteur du temps, je deviens spectateur. Il avance malgré moi et me laisse à la traîne. J'éprouve alors un malaise. Je suis coincé entre deux perceptions du temps inconciliables : une perception active, où le temps est linéaire, se dirige vers un but et dépend de mon effort, et une perception contemplative, où le temps est cyclique, et m'emporte avec lui. Quand je roule, j'affuble le temps de mes objectifs. Je ne le laisse plus couler entre mes doigts. Je le canalise. Je le conduis à une destination, *ma* destination. « Dans six mois, nous serons à Santiago. Dans quatre semaines, en Colombie, dans trois jours à San José. » Voilà pourquoi le voyage plaît tant à ceux qui n'ont pas de vocation : ils se fixent un but et se règlent dessus. La direction leur tient lieu de sens. Mais pendant ces longues journées de pause à La Esperanza, contraint à l'immobilité, le temps n'avait plus de direction. Il n'allait nulle part.

Je compris alors le piège du voyage. Esclave du chronomètre, le temps file en avant de moi sans m'attendre. Mon retard est irrattrapable. L'immobilité m'angoisse comme la mort. Avide de nouveautés, toute répétition me devient détestable. Le quotidien, je l'appelle « routine ». Le Temps est un dieu affamé que je m'épuise à contenter en expériences et en sensations inconnues. Et plus je m'agite, plus je deviens superficiel. Je deviens une pauvre coquille vide, rendant un son toujours plus creux. Et je n'aurai à donner à mes frères les hommes que des historiettes et du rêve – de quoi les distraire, si peu de quoi les éduquer. À quoi me servirait-il de parcourir le monde entier, grands dieux ! si c'est au prix de mon âme ? « Un seul jour de l'homme instruit, dit Posidonius, a plus d'étendue que la plus longue vie de l'ignorant. » L'étendue dont parlent les sages ne se mesure pas en kilomètres, pas plus que leur richesse ne se chiffre en dollars.

Qui ne voit que ma folie de voyageur est celle de la modernité ? Cette course effrénée pour être en phase avec le temps, cette illusion délirante que c'est nous qui faisons « avancer » l'Histoire, cette crainte d'être laissés pour compte, en marge du Progrès, cette horreur de la tradition comme d'une stagnation, comme d'une mort… tout cela, je le retrouve en moi. Fils d'un siècle nomade, qui ne sait plus habiter, il me faut toujours décamper vers un autre présent. Ce qu'on appelle « progrès », c'est l'incapacité à contempler l'Éternel : toute bougeotte est symptôme d'une indigence spirituelle. Je pense à Jakobson (*La génération qui a gaspillé ses poètes*) : « Nous nous sommes jetés dans l'avenir avec trop de fougue et d'avidité pour pouvoir garder un passé. Le lien des temps s'est déchiré. Nous avons trop vécu par le futur, trop pensé à lui, cru en lui, nous n'avons plus la sensation d'une actualité qui se suffise à elle-même, nous avons perdu le sentiment du présent. » Vivre *hic et nunc* : cela n'est accordé qu'au poète, à l'amoureux, au sage et au saint (ces mots ne désignent pas à chaque fois une personne différente, mais une seule et même personne vue sous quatre angles différents).

Xavier m'avait dit une fois : « Nous étions partis pour tâcher de vivre au présent, et nous sommes toujours pressés. Obsédés par la distance, nous raccourcissons nos pauses. Nous nous sentons coupables de nous arrêter trop longtemps. Nous nous épuisons et voyageons comme des compteurs, soustrayant les kilomètres qui nous séparent de la fin. Notre voyage est l'inverse de ce que nous voulions qu'il soit... »

En troquant notre 204 contre des vélos, nous voulions apprendre la patience. Mais la patience n'est pas fonction de la vitesse. Nous la confondions avec la lenteur. Certains agités parcourent de grandes distances à pied et sont tout aussi empressés qu'en ville. La patience, c'est une *disposition*. Tout, à notre époque, la rend impossible. Je voyais mieux l'incohérence de mon voyage. Faire le tour du monde et apprendre la patience relèvent de deux attitudes inconciliables : l'une est fille de la modernité, l'autre de la tradition. Mais cette contradiction, c'était la signature de mon temps. Nous étions les derniers rejetons de la modernité, écartelés entre la tradition et le progrès, fatigués de subir une vision de l'Histoire en laquelle nous n'avions plus foi. Xavier trouvait repos en Dieu (*stat crux*), moi dans la beauté. Contempler un chêne, c'est tourner le dos à l'Histoire ; s'émerveiller d'un écureuil, c'est se réfugier dans l'intemporel. Il est donc vrai, ce préjugé selon lequel l'esthétisme est le lot des sociétés déclinantes ? Je pense au siècle des Antonins, et me rappelle que les époques prospères sont aussi les plus inquiètes. Ma prédilection pour Platon est un indice de décadence. N'ayant plus en moi les ressources d'entreprendre, je me dérobe dans la contemplation.

Andrès

La femme d'Andrès n'ouvrait jamais la bouche. Elle était en retrait. Elle écoutait. Elle ne dînait pas avec nous. Elle nous servait. Nous nous étions proposés de l'aider en cuisine. Elle nous fit comprendre que ce n'était pas là une affaire d'hommes. Nos demandes lui paraissaient déplacées. Nous n'étions pas du même monde. La femme ici est *mère.* Elle engendre, elle nourrit. Une femme sans enfants n'est pas une femme, au sens plein du mot.

Andrès nous raconta son histoire. Un jour, une annonce était passée à la télévision. Une entreprise canadienne de « production bovine » recrutait. Il y avait des milliers de candidats pour une centaine d'embauches. Andrès était persuadé qu'il n'aurait pas le boulot car il ne parlait pas anglais. Après quatre entretiens à Tegucigalpa, on lui fit savoir qu'il était pris. Il ne tarda pas à comprendre qu'on se fichait bien de son niveau d'anglais, et qu'on n'avait embauché que les plus résistants. Andrès partit au Canada. Pendant six ans, huit heures par jour dans une chambre froide, il coupa les sabots des porcs et vida les entrailles. À l'occasion, il faisait des heures supplémentaires, car l'abattoir tournait de nuit. À en croire Andrès, c'était un abattage moyen de treize mille cochons par jour. Quotidiennement, il en vidait entre six et sept mille. Qu'on ferme les yeux. Qu'on se figure un instant cette hécatombe.

Andrès ne revenait chez lui que deux semaines par an. Au bout de six ans – six ans à faire *le même* geste –, son corps n'y tint plus. Il revint brisé au Honduras et mit un an à ne plus rêver d'entrailles. Maçon de formation, il n'aurait jamais cru faire un travail pareil. Mais le fils veut aller à l'université. Qui la lui paiera ? On considère qu'on est plutôt bien loti. Ils sont des milliers à ne pas avoir eu le boulot. On ne se plaint pas. Ce sont les Occidentaux qui plaignent et se plaignent, et mangent le porc abattu. (On se scandalise plus de la chasse et de la *corrida* que des abattoirs industriels, qui sont pourtant le vrai scandale. Le chasseur et le toréador aiment et respectent davantage leurs victimes que les bouffeurs de biftecks. Ils connaissent ce qu'ils tuent. Tandis que l'amateur de burgers ne sait pas ce qu'il mange : il ne consomme pas un être vivant, mais une matière première. Drôle d'époque. L'idolâtrie des *pets*, dont nous avons pu voir, Xavier et moi, qu'elle prenait aux États-Unis des proportions étonnantes, va de pair avec une consommation boulimique de chair animale. On mange le poulet aux hormones et on gâte le petit chien comme un enfant : la conscience est à l'abri.)

Andrès travaillait avec des Chinois, des Éthiopiens, des Centre-Américains, des Ukrainiens, des Polonais, mélange inimaginable de gens poussés par le besoin, parlant entre eux un sabir incompréhensible. J'avais là une image réduite du capitalisme : une main-d'œuvre pauvre et reconnaissante, trop composite pour former corps, habituée par une longue accoutumance à ne jamais trop exiger de ses supérieurs. Des porcs engraissés en six mois à grand renfort d'hormones, « produits » selon des plans de rentabilité prévus de longue date. Des « superviseurs », petits chefs sélectionnés parmi les immigrés, ravis d'avoir gravi un échelon et d'échapper à des conditions de travail abrutissantes. Enfin, des directeurs invisibles, intouchables. D'un côté, des consommateurs gavés de plaisirs et asservis à la publicité. De l'autre, des bêtes de somme. On ne croit pas à leur souffrance, parce qu'on ne la voit pas. On ne la voit pas, parce qu'on se la dissimule.

Andrès se fichait du pathétique. Il ne cherchait pas plus à apitoyer qu'à édifier. Si je lui avais dit : « Vous êtes courageux », il eût haussé les épaules. Pour lui, il ne faisait que son devoir de père. Il avait une vie cent fois plus dure que la mienne. C'est moi qui dis qu'elle est dure. Pour lui, elle est la vie. Il n'y en a pas d'autre. « Comment font-ils ? » demandent les bourgeois. Ils font.

Nous aperçûmes le fils aîné d'Andrès, qui revenait de la capitale à moto. Après de longues études d'architecte, il ne trouvait pas de travail. Un père qui se tue à la tâche, un fils au chômage : le rêve américain. Andrès se demandait pourquoi ses enfants ne se mariaient pas, ne fondaient pas de famille. On pense à la phrase de Juan de Zumárraga, premier évêque de Mexico, dans une lettre au roi : « *Ils n'approchent plus de leur femme, pour ne pas engendrer d'esclaves*. »

Les fins dernières

À partir de Chiapas, au sud du Mexique, le catholicisme n'avait plus l'exclusive. On trouvait parfois, dans le même village, jusqu'à trois églises différentes : catholique, baptiste, Témoins de Jéhovah. Nous avions changé de climat. Les Cieux n'étaient plus aussi cléments. Le temps tournait à l'apocalypse. On espérait les fins dernières. Voilà cinq siècles que le millénarisme fait florès dans cette partie du monde. Cinq siècles que les adeptes de Joachim de Flore attendent l'effondrement de pied ferme. Il n'était pas rare que je me fasse évangéliser la gueule. Ainsi de cette soirée à El Rosario, où un certain Miguel, au demeurant jovial et sympathique, ne voulut pas m'abandonner sans m'avoir sauvé de la damnation.

« Si au jour du Jugement, toi, Samuel, tu ne t'es pas converti, alors tu seras damné. Tu n'auras pas d'excuse, puisque le Seigneur m'a placé sur ton chemin pour t'en avertir. Il te dira : "Ce jour-là, le 28 janvier 2020, j'ai mis sur ta route Miguel pour qu'il t'annonce Ma Parole, et tu as refusé Ma Parole. Il t'avait prévenu que tu serais damné. Malgré sa mise en garde, tu ne t'es pas converti : tu es vraiment très vilain." »

C'est toujours à moi que s'adressaient ces homélies. Xavier n'était jamais concerné. J'étais son paratonnerre à catéchisme. Mon regard avait-il donc quelque chose de pervers et de malfaisant pour qu'on me supposât suppôt ? J'endurais la prédication, tandis que Xavier regardait le bout de ses chaussures ou se resservait de gâteau : aucun soutien de ce côté. On nous demandait parfois : « *Cuál es tu misión ?* » Le mot « mission », après tout, n'était pas étonnant, cinq siècles après la Conquête. L'Occidental, c'est l'évangélisateur. Hier, la Bible dans une main, le fusil de l'autre ; aujourd'hui, le Livre de Mormon et le carnet de chèques. On attendait de nous quelque message évangélique, quelque menace croustillante, comme savaient peut-être en faire ces encravatés de Jéhovah, qui distribuaient leurs brochures jusque dans les villages les plus retirés.

Pour Miguel, il n'y a pas de milieu. Soit on est croyant, soit on doit vouloir le devenir. Qui n'est pas avec lui est contre Dieu. Si on « tient tête », on est du côté du Malin. Il voyait du désordre partout. (J'en voyais aussi, mais je cherchais à me convaincre que le désordre des hommes était dans l'ordre des choses.) Rien n'arrivait au hasard. Familles décomposées, divorces, bombe atomique, narcotrafic, alcoolisme… autant de signes d'une imminente Apocalypse. Plus Miguel n'y comprenait rien, plus il y voyait clair : *the end is nigh !* C'était le règne de l'Antéchrist. Tout lui était présage ou confirmation, et même, et surtout ce qu'il ne comprenait pas. Miguel était de ceux à qui on ne la fait pas. Il ne s'étonnait de rien. S'il apprenait une catastrophe, il haussait les épaules : « Je vous l'avais bien dit… » Annoncer le déluge, c'est un peu le domestiquer. C'est un peu moins le subir. Aussi Miguel gagnait-il en assurance à chaque désastre. Il regardait des tutoriels de construction d'abri sous-terrain. Cet homme de foi croyait en la vie éternelle, mais il espérait quand même survivre à l'embrasement atomique. La Fin du monde, c'était une affaire d'années. Il n'était que d'allumer la télévision. La planète pourrissait. Les hommes s'entretuaient. Les gouvernements étaient corrompus. Après eux, *juste* après, le déluge. Miguel nous disait qu'« on ne pouvait se fier à personne », et il se fiait à nous. Il nous disait que les gens devenaient mauvais, et il était d'une générosité exemplaire. Il nous disait que les hommes devenaient fous. Nous étions des hommes, pourtant, et parlions raison. Il avait peur du monde. Il n'avait pas peur de nous. C'est que le monde dont il avait peur n'était pas celui qu'il habitait, mais celui que lui présentaient la télévision et le sermon du prédicateur.

J'avais fait une fois un tour dans une église évangélique. Le prêche, cousu du fil blanc de la peur, n'était pas trop de mon goût. Ne pouvant se faire aimer de lui-même, le prédicateur se fait aimer par la crainte du loup. D'une main il inquiète, de l'autre il rassure, tant et si bien que les ouailles finissent par jouir de la peur, par la réclamer comme une drogue. C'est que ces malheureux attendent trop de la fin du monde pour ne pas la désirer secrètement. Ils réclament désespérément un sens à leur infortune. Ils sont tellement usés par la souffrance et l'envie qu'ils ne supportent de vivre qu'avec l'espoir d'une rétribution céleste. Derrière la menace du Jugement, j'entends la joie mesquine des épargnés : « Je suis du bon côté ! J'ai ma place au soleil des Justes ! » Ces gens-là veulent en finir et s'accrochent à l'Apocalypse comme au dernier espoir qui vaille. N'importe qui annonce la catastrophe est assuré de manger à sa faim, dans ces pays d'Amérique centrale *comme bientôt en France* (car moi aussi, quand je suis dans le besoin, je sais vaticiner). Les homélies sont à guichets fermés. Cela occupe, d'attendre la Fin du monde, comme jadis d'attendre les barbares. Si on leur dit qu'« on ira tous au Paradis », ils ne sont pas d'accord. Ah non ! ce n'est pas juste. Ce qu'ils appellent « Justice », ce sont des représailles. Ce qu'ils appellent « châtiment divin », c'est la vindicte populaire. Ce qu'ils appellent « Dieu », c'est l'auxiliaire de leur ressentiment. Ce qu'ils appellent Terre promise, c'est notre monde, avec les mêmes injustices, mais renversées à leur avantage pour les siècles des siècles, amen. La charité ? Oui, mais pas pour les riches. Leur foi n'est pas justicière, elle est vindicative. Ils attendent beaucoup plus le châtiment des nantis que la récompense des vertueux. Voir un *gringo* rôtir comme une dinde sur les broches de l'enfer, quelle jubilation ! Il fallait voir leurs « prophètes », cheveux gominés, sourires impeccables, sur ces grands panneaux de publicité annonçant je ne sais quel Congrès international de l'adoration évangélique, pour comprendre que cette Église puait le pognon. Le Seigneur, ces dévots ne Le servent qu'aussi longtemps qu'Il sert leurs intérêts. La détresse des pauvres les fait engraisser.

Cette attente larvée d'une catastrophe, comment oserais-je m'en moquer ? J'en trouve l'écho dans mon désir que s'écroule enfin la modernité décrépite. À la fin je suis las de ce monde nouveau. Tout en moi aspire à la Renaissance.

Danlí

En arrivant à Danlí, au sud du Honduras, notre priorité était de dévoiler la roue de Xavier. Les problèmes mécaniques devenaient de plus en plus fréquents. Nos cadres, balafrés de soudures, s'étaient déjà brisés plusieurs fois. Mon pédalier accrochait mal la chaîne. Impossible de me mettre en danseuse.

Le village donnait l'impression d'un brouhaha permanent. C'est le vendeur d'oranges annonçant au micro des prix incomparables. Ce sont les enceintes du pharmacien qui crachent à plein volume un *mariachi* dans la rue.

C'est le marchand de tee-shirts qui vend sa camelote à la criée. Et partout, de la bouffe, à croire que l'homme ici n'est qu'un ventre. Au début, on se dit : « C'est vivant. » Bientôt, on se ravise : « C'est invivable. » Au contact de ce peuple, il me semble venir d'un pays bourgeois et casanier, où vivre consiste à jouir en paix de sa propriété et de son jardinet sans emmerder le voisin. Ce qui est vécu pour nous comme un empiètement (le *no trespassing* des Américains) est ici chose habituelle. Qu'on jette un œil aux maisonnettes. En guise de porte, un filet de billes. En guise de fenêtres, une ouverture sommairement grillagée. Sur le trottoir, des tabourets en plastique. On vit sur le palier. On regarde le monde passer. On se montre. Le foyer n'est pas une clôture, une retraite. C'est une alvéole dans laquelle vient s'engouffrer l'animation de la rue. On ne cache rien. L'intérieur n'a rien d'intime. Le paraître est tout. D'ailleurs, on ne reste pas chez soi. Ou alors, c'est qu'on est malade. La vie est ostentatoire. On ne s'appelle pas par son nom, on se hèle, on se siffle, on se klaxonne. On ne se barricade pas contre les regards. On les cherche, on les soutient. On est exposé, toujours. On compte beaucoup sur le voisin, jamais sur l'État. Dans ces démocraties centre-américaines, où le meilleur moyen de perdre la confiance d'un peuple est de s'en faire élire, on ne croit qu'en sa famille et en Dieu.

On rencontre Eduardo. Il est mécano, mais il nous explique qu'il a deux ou trois métiers différents. Ici, la vie économique ne suit pas d'autres lois que celle de la débrouille. Il n'est pas rare de voir un « *car washer* » s'improviser vendeur de jus sur le bord des routes, et finir par tenir une petite boutique sous un toit de tôle. Chacun cumule les activités, grappille de menus bénéfices. Il n'y a pas de petits profits.

Quelle différence entre les mécaniciens d'ici et ceux de France ! En France, on vous garde le vélo, et vous revenez six jours plus tard sans rien savoir du *comment* de la réparation. Le mécano vous fait une brève description de ce qu'il a fallu changer. En réalité, il n'explique pas : il détaille la note. On réalise qu'il ne suffit pas d'être le propriétaire d'un vélo pour le posséder vraiment. On en est réduit au rôle humiliant du consommateur : on est celui qui paye et qui jouit. Tout un aspect de la relation à l'objet, beaucoup plus riche que celui de l'usage, est entrevu brièvement. On se sent un peu gauche. Ici, c'est différent. Eduardo commence par nous proposer de nous asseoir. Il dit à son apprenti d'aller nous chercher de l'eau, un café, un biscuit. Il sait ce que c'est que de rouler cent trente bornes. Enfin, il travaille sous nos yeux. Il lui faut changer deux rayons. Mais il n'a pas le bon modèle sous la main. Il va falloir improviser quelque chose. Son bidouillage, il ne le cache pas. Improviser n'est pas pour lui quelque chose de honteux. C'est quand il bidouille qu'Eduardo révèle au mieux son ingéniosité. L'Occidental se dit : « C'est un travail de fortune », parce qu'il est habitué à ce qu'on lui remplace de l'ancien par du neuf. Mais le métier de mécano n'est-il pas plus fidèle à ce qu'il devrait être quand il s'agit de trouver une bonne solution avec peu de moyens ? Eduardo sort de son bazar deux rayons de taille différente, qu'il réajuste à la pince. Puis il resserre les rayons avec sa clé. Ses mains sont animées d'un mouvement propre. Il a ce mélange d'assurance et de désinvolture qui est la marque de la maîtrise. On ne parle pas. On le regarde faire. On admire le *coup de main*. Ce type est à son affaire. C'est beau.

Les bucaros

À l'entrée du Nicaragua, juste après *Las Manos*, le poste-frontière, la route qui descend vers Ocotal est bordée de *bucaros*. Saisi par l'éclat de ces arbres nouveaux, Xavier se tourna vers moi pour me dire : « Dans deux ou trois ans, lorsqu'on sera en France, ce moment nous paraîtra un rêve. » Deux ans ont passé. Je repense à ces *bucaros* somptueux, explosions de couleurs dans le chaos luxuriant de la selve. Je songe à la vie que nous menions. Et je m'interroge : ai-je vraiment vécu cela ?

Alors, nous étions vagabonds. *Avancer*, c'était là notre seul impératif, notre unique « il faut ». Le quotidien n'était pas exempt de contraintes. Mais ces contraintes étaient de celles que l'on supporte bien pour se les être imposées soi-même, comme les règles d'un jeu. Un matin neuf, c'était une page blanche. Qu'allions-nous vivre ? Qui allions-nous rencontrer ? Nous laissions faire la vie. Ami, frère, compatriote, Xavier me tenait lieu de tout. Il était une famille, une société, un pays à lui seul, pour moi seul (il est vrai qu'il ne pouvait me tenir lieu de femme). Nous vivions sans téléphone, sans ordinateur, loin de toutes les sollicitations de la ville. Nous avions dans notre sac une chemise propre, un sac de lentilles, une bouteille de mezcal, un livre, quelques cartes : nous ne manquions que du superflu.

Nos joies, nos plaisirs étaient d'une extrême simplicité. Nous grimpions tous les jours et mangions peu. Amaigris, musclés, le mouvement nous avait modelé un corps adapté à son culte. Nous vivions sans souci.

Citadins habitués aux sophistications de la ville, il est des moments où ce dépouillement nous ravit jusqu'à l'ivresse. On se dit : « Cette vie pourrait durer des années, cela me va très bien… » On remet aux calendes grecques la date du retour. Comme Montaigne, on fait le vœu de vivre « le cul sur la selle ». Mais en d'autres circonstances, on aperçoit toute la stérilité de ce vagabondage, car enfin il ne sert à rien de vivre *pour soi.* On éprouve l'amour du sol natal et on sent que cet amour nous oblige. Jamais je n'ai écrit autant de lettres qu'en voyage. Derrière cet empressement à donner des nouvelles, je vois la peur panique de l'isolement, la certitude qu'un homme seul est un homme mort. Séparé de lui par des milliers de kilomètres, je me réveillai une fois avec la présence de mon frère à mes côtés – je vous parle d'une *présence réelle.* Je sais ce que c'est que d'être hanté par ceux qu'on aime. On se sent comme une maison de famille abandonnée, où traîne dans chaque pièce le souvenir des êtres chers. On leur parle. Personne ne répond. Pourtant, ils sont là. Il faut être éloigné de tous pour comprendre enfin qu'on ne peut être seul, tant qu'il se trouve sur Terre une mère, un frère, un ami pour nous aimer.

Que faut-il choisir d'une vie pauvre et marginale ou d'une vie riche et encombrée ? Comment trouver un compromis qui ne nous fasse pas honte ? Peut-on renoncer à tout ce que propose le monde, sans renoncer au monde lui-même ? Et on en revient à la question initiale : au juste, pourquoi voyageons-nous ? On réalise alors que le dilemme a déjà été tranché. À vrai dire, il n'y a pas eu de dilemme. Nous n'avons jamais eu à décider. Une certaine âme nous a échu, et c'est elle qui décide. On relit sa vie passée. On constate que cent décisions, que l'on prenait en fermant les yeux, nous inclinaient à prendre de la distance. On croyait agir à sa guise, mais on suivait une pente. Et notre pente, à Xavier comme à moi, c'était une constante recherche de liberté intérieure, qui nous condamnait à être insatisfaits de nous-mêmes tant que nous n'aurions pas la force de nous libérer de ces trois entraves : l'obsession du confort, la peur de la mort, la vanité. Nous oscillons et doutons de nous-mêmes. Il faut sauter dans le vide, le courage nous fait défaut. Ce n'est qu'à certains moments de grâce – hélas, trop rares – qu'il nous est donné de voir qu'il n'y aura pour nous qu'une façon d'être heureux : faire confiance à son désir profond, envers et contre tout.

Estelí

À Estelí, nous eûmes la surprise de croiser deux Français sur la place centrale. Je n'aimais pas beaucoup rencontrer des voyageurs : ils me renvoyaient mon image haïssable. Ils nous expliquèrent qu'ils cherchaient un lieu où il n'y avait pas d'Occidentaux. Ça tombe bien, nous aussi. Visiter une ville hideuse à six mille kilomètres de chez soi, n'est-ce pas payer un peu cher la satisfaction illusoire de n'être pas touriste ? Que s'imaginaient-ils trouver à Estelí ? « Un peuple chaleureux, accueillant. » J'avais déjà lu ça quelque part... Ils passent sept heures par jour dans un bus. On les prend pour des *gringos*. On les plume avec force sourires. On leur fait faire le tour de l'église, qui est affreuse. Par bonheur, ils ne me retournent pas la question. Car moi-même, qu'est-ce que je foutais à Estelí ? Ce pays se trouvait sur ma route, voilà tout. Je n'étais pas allé à Estelí, j'y avais échoué. *A priori*, je n'avais pas plus de curiosité pour le Nicaragua qu'Ulysse n'en avait eu pour les Lotophages. Nous pédalions, la nuit tombait, il fallait bien s'arrêter quelque part.

À ce moment du voyage, Xavier et moi étions devenus de simples rouleurs. Le soir, abrutis de fatigue, nous posions sur le monde un regard de vache. Cette sérénité bovine, mollement contemplative, indifférente à toute chose qui n'est pas mon plaisir et mon repos, détachée des illusions de l'exotisme, j'avais le culot de l'appeler « lucidité ». Sur mon vélo, du reste, étais-je vraiment au Nicaragua ? J'étais toujours ailleurs. Je pensais à la vieille Europe. C'est comme si je n'avais voyagé jusqu'à présent que pour réaliser à quel point Ithaque était chère à mon cœur. Je projetais un Grand Tour en Méditerranée sur les traces de ma propre culture, dont je m'étais avisé que je ne connaissais rien, ou si peu. Jamais je n'ai autant désiré être *touriste* qu'au Nicaragua. Italie chérie, pardonne mon infidélité ! Sur mon vélo, j'étais aussi aux Caraïbes, car les parents de Xavier nous avaient offert un vol pour la Barbade, où une amie pouvait nous accueillir quelque temps. Je m'imaginais une île paradisiaque, habitée par des femmes de rêve, où l'on consacre ses journées aux occupations de l'esprit et ses nuits à la volupté. Je ne pouvais pas savoir qu'une hémorroïde m'y clouerait au lit, m'arrachant pendant quatre jours de petits jappements de douleur. Gros-Jean comme devant…

Ce qui m'étonnait le plus, avec nos frères occidentaux, c'était leur capacité d'émerveillement. « Frères qui trouvez beau tout ce qui vient de loin ! » (Baudelaire). Estelí était une ville laide, ils en étaient enchantés. *Wishful thinking* : même nos impressions sont des fantasmes. Notre « vécu » est imaginaire. Parce que nous avons *décidé* d'admirer, nous trouverons beau, ou « intéressant », ce qui est laid. Et nous reviendrons avec un enthousiasme de commande. C'est que le voyage a coûté cher ; il est dur de s'avouer lésé. Pour nous autres, ethnologues en herbe, il suffit de dire qu'une culture est autre pour conclure à sa valeur. L'Autre… nous avons pour cette abstraction une tendresse infinie. Nous en parlons beaucoup sans jamais parler sa langue. L'Autre est généreux. Il a le cœur sur la main, c'est entendu. Mais l'histoire de la Conquête ne montre-t-elle pas que ceux qui qualifiaient d'emblée les Indiens de bons et d'innocents étaient les mêmes dont l'avis passait subitement à son contraire quand ils en étaient menacés ? À la moindre attaque, il n'était plus question de « bons sauvages », mais de « monstres ». L'Autre, nous ne l'aimons qu'aussi longtemps qu'il nous ressemble ou veut nous ressembler. Qu'il s'avise d'être différent (c'est-à-dire vraiment *autre*), non pas seulement dans le folklore, mais dans la manière de penser, alors il devient le « barbare ». Comment peut-on être persan ? Notre altruisme est un égocentrisme camouflé. Et notre curiosité dérisoire est le reflet de l'incuriosité des conquistadores : d'un bout à l'autre des temps modernes, une même intolérance se renvoie son image inversée. « C'est la race la plus vaine parmi les hommes, celle qui méprise ce qui est du pays et poursuit, de ses espoirs inassouvis, d'inutiles fantasmes. » Ô Pindare, de quel mépris tu couvrirais les misérables voyageurs que nous sommes !

Quant aux cultures, nous aimons de tout un peu, nous ne connaissons rien à fond : nous aimons moins les cultures que *la* Culture. Nous voulons tout voir, tout comprendre. Aujourd'hui le Nicaragua, demain la Mongolie (nous n'avons pas encore *fait* la Mongolie). Notre curiosité est tous azimuts, c'est-à-dire déboussolée. Elle ne sait pas ce qu'elle consomme. Elle n'a aucun principe. Elle avale tout sans examen. Nous autres, citoyens du monde, nous ne sommes de nulle part ; comment voudrait-on aller quelque part ? Nous ne saurions aller que n'importe où. Notre curiosité, je la comparerais à celle d'un homme désœuvré qui voudrait s'instruire en musique. Il ne veut pas apprendre le piano, ni le violon, ni la clarinette… Il est plus curieux, plus « ouvert » : il veut apprendre *la musique*. Il passe d'un instrument à un autre, lit des manuels, finalement ne connaît rien à rien. Mais il a ce qu'il voulait : un vernis de culture. Il rencontre un violoncelliste appliqué, qui n'a jamais fait que du violoncelle. Notre fat se moque de lui : « Vous prétendez connaître la musique, et vous ne pouvez parler que du violoncelle. » Mais quand il joue, le violoncelliste, il vous tire les larmes. Qui connaît la musique ?

La Barbade

Débarquant à la Barbade, début mars, nous ne savions pas que notre voyage touchait à sa fin. Férus d'inactualité, nos lectures se partageaient entre Montaigne et Pascal. Le virus qui commençait à inquiéter l'Europe ne nous concernait pas. Toutes nos pensées étaient tournées vers Santiago. Dès le lendemain de notre arrivée, j'étudiais la suite de notre itinéraire en Colombie. J'avais rêvé de la Barbade pendant trois semaines. Je n'y étais pas depuis deux heures que je pensais à m'en aller. Mon désir de mouvement s'emballait. Je n'avais plus prise sur lui. Ce n'était plus le goût du voyage qui me faisait avancer, mais je ne sais quelle frénésie mécanique. Je reprenais à mon compte le dialogue de Pyrrhus et de Cinéas :

« Nous irons en Colombie ! lance Pyrrhus, enthousiaste.

— Et que ferez-vous, en Colombie ? répond Cinéas.

— Nous irons plus au sud, franchirons l'Équateur, passerons les Andes !

— Et que ferez-vous ensuite ?

— Ma foi, nous atteindrons le bout du monde, la Terre de Feu !

— Et après ?

— Voile sur l'Afrique, pardi ! Nous la remonterons du Cap à Alexandrie !

— Et après ?

— L'Italie, dame ! Le plus beau pays du monde ! Et à pied, de la Sicile jusqu'à Paris.

— Et que ferez-vous à Paris ?

— …

— Répondez.

— Je me reposerai.

— Épargnez-vous tant de peine, et reposez-vous dès aujourd'hui. »

Qui a raison, de Pyrrhus ou de Cinéas ? Faut-il courir en tous sens ou demeurer dans son cabinet ? Sur la route, je donne raison à Cinéas. Au repos, à Pyrrhus. « Ils croient chercher sincèrement le repos, et ne cherchent en effet que l'agitation » (Pascal). Le péché originel, plaie béante d'où suppure l'ennui, tout vient de là. L'erreur est de croire qu'on puisse être comblé *pour de bon*. De là vient qu'on ne cesse de se plaindre. Je prendrai tour à tour le rôle de Pyrrhus et de Cinéas. Je peux me lasser du voyage et du repos, non pas de leur alternance. Sur ma table de nuit, un magazine féminin. À la une, une question désolante : « *Que faire le dimanche ?* » Six jours par semaine, on attend le repos. Vient enfin le dimanche, et il nous est à ce point insupportable de ne rien faire qu'on s'en remet à un magazine. Seigneur ! que faire le dimanche, si ce n'est Vous prier de venir élever nos vies ? J'écris cela, et m'affaire comme les autres. Pourquoi ? Oser répondre à cette question. Le septième jour, lorsqu'Il eut achevé son ouvrage, l'Éternel se reposa. Je désire le shabbat. N'avais-je pas présenté à ma famille, inquiète de mon avenir, ce voyage comme une année *sabbatique* ? Je mentais. Je ne suis pas aussi sage. Mais j'admire ce peuple qui consacre son repos à adorer l'Éternel. Christophe Colomb, aventurier modèle, tu ne voyageais pas le dimanche. *Que faire le dimanche ?* Veronica, notre hôte, nous emmène à la plage. Ici et là, rôtissant sur leur serviette, des hommes et des femmes. Je ne peux pas rester là. Je nage avec un masque. Je découvre un autre monde, plus calme que l'autre. Poissons d'or, dorades des flots bleus, poissons chantants, poissons volants. Merveille absolue ! Beauté, variété des créatures !

Nous avons vingt-cinq ans, Veronica en a le double. Parce que nous passons la plus grande partie de notre temps enfermés chez elle à lire, elle nous dit en riant : « C'est vous qui êtes vieux. » Elle nous demande si on ne s'ennuie pas. Bonne question. Demeurer en repos dans une chambre, après douze mois de route, c'est tout ce que je demande. Mais il y a la Gold Cup au Garrison Savannah, l'hippodrome de la Barbade. *Il faut* aller voir la Gold Cup. *On ne peut pas* rater la Gold Cup. Va... Altiers, intrépides, les chevaux sont la noblesse même. Leur dignité tranche avec la vulgarité des touristes étrangers, qui s'habillent ici en maillots de bain-claquettes, manière de dire aux Bajans : « Je suis ici chez moi, et n'ai aucun égard pour vous. » Sur la plage, ce sont les poissons qui me font le mieux aimer le monde. Au Garrison, les chevaux, fils du vent. Et toujours par contraste avec les hommes. Animaux, enfants, vous éveillez ce qu'il y a de meilleur en moi. Vous m'offrez le spectacle d'une adhésion parfaite à la vie, perdue pour moi à l'âge de l'ingrate puberté. Qu'on songe au regard des labradors : affection, fidélité, dévouement, toutes ces qualités dont je suis si généreusement dépourvu, ils l'ont au naturel. Il est vrai qu'il y a aussi les roquets.

Les alizés soufflent sur les Petites Antilles. Où vont-ils ? Ils ne se posent pas la question. Le vent ne souffle pas où il veut. Il souffle où il doit souffler. Et moi, où vais-je ? Je ne vais pas où je veux. Je vais où je dois aller. Je n'ai qu'un devoir : réaliser ma nature ; qu'une angoisse : mourir, inachevé (s'achève-t-on jamais ?). Mais c'est la mort, précisément, qui achève la vie – elle apporte la dernière main, elle est une *finition*. Mais voilà que je fais encore des phrases. À vous donner la nausée.

J'entends cette blague, version moderne du dialogue de Pyrrhus et de Cinéas :

« Sur le port de la Barbade, un touriste américain achète du poisson à un pêcheur du coin :

— Dis-moi, homme juste, pourquoi tu ne t'associerais pas avec un autre pêcheur ?

— Pour quoi faire ?

— Parce que tu te ferais davantage d'argent, gros bêta.

— Pour quoi faire ?

— Tu achèterais un plus gros bateau, pêcherais encore plus de poissons.

— Pour quoi faire ?

— Tu décuplerais tes bénéfices ! Tu investirais ton capital dans une flottille ! Tu gagnerais une fortune ! Tu serais patron, comme moi !

— Pour quoi faire ?

— ... pour passer tes vacances à la Barbade, et acheter du poisson à un pêcheur du coin. »

Soudain, tout se précipite. Le microbe sème la mort et l'effroi. L'Amérique latine nous ferme ses frontières. Je connais la panique de l'alcoolique avant la cure. On veut m'arracher au mouvement. Qu'on me laisse rouler, c'est tout ce que je demande ! Je noircis le tableau du retour : en France m'attendent le travail, la vanité, le bavardage, les mêmes petits plaisirs infiniment répétés, la « vraie vie », un ennui lourd, gluant, le spectacle de la foule satisfaite (son ignorance, sa paresse, sa bêtise). Comment faire ? Nous appelons Greg, notre oncle d'Amérique. Il habite un manoir en Caroline du Nord. Il accepte de nous loger le temps que les frontières rouvrent.

Nous pensions que cela durerait quatre semaines. Cela dura trois mois. Nous pensions que c'était une pause dans le voyage. C'en était le terme. Fallait-il y voir un signe ? « Ce que tu cherches dans le monde, vois s'il ne se trouve pas dans la retraite. » « Ce n'est qu'un voyage, disait mon père, tout cela n'a pas grande importance. Dans quarante ans, tu riras de ce retour en haussant les épaules. » Il y avait toujours, entre nos proches et nous-mêmes, ce malentendu que nous ne parvenions jamais à dissiper tout à fait. Ils prenaient notre voyage pour une récréation. Dans l'ardeur de nos vingt ans, nous le considérions comme l'épreuve décisive de notre vie – l'occasion enfin trouvée de donner la pleine mesure de nous-mêmes. Nous étions comme le petit enfant qui tape du pied sur le sol avec rage, parce que les grandes personnes, décidément, ne comprennent rien à rien. Qui a raison, de l'enfant ou de l'adulte ? Ils ont raison tous les deux.

Highlands, Caroline du Nord

Il y a une cinquantaine d'années, un blondinet à gueule d'ange était venu apprendre le français chez mes grands-parents. Commis aux Galeries Lafayette, il rentrait tous les soirs pour la soupe. La France, pour lui, ce n'était pas la tour Eiffel, la baguette et le béret. C'était d'abord une grande famille, puis une langue aimée qu'il n'avait jamais fini d'apprendre. Pour mes oncles et tantes, Greg était le cousin d'Amérique. Le souvenir de la guerre était tout proche. À Colleville, des milliers de croix blanches rappelaient ce que nous devions aux Ricains. Greg revint aux États-Unis. Le jeune commis fit des affaires, bâtit patiemment sa fortune. Mais il ne manquait jamais le thé avec la mère-grand tous les trois ans. Il était aussi fidèle que généreux, et accueillait de bon cœur les petits-enfants désireux d'apprendre l'anglais. Nous lui devions beaucoup. Au cours de notre voyage, Greg et Mary, sa femme, avaient été pour nous des anges gardiens. Sans eux, nous n'aurions jamais connu Malia, et Xavier n'aurait pu soigner son genou. Sans eux, il n'y aurait tout simplement pas eu de voyage en Amérique.

« Il fait bon vivre partout où un homme instruit établit sa demeure », écrit un humaniste. Si cet homme instruit a de grands moyens, alors on n'est pas loin du Paradis, juste à l'est d'Éden. Nos hôtes ne toléraient que le meilleur. Rien, chez eux, qui offensât la vue.

La maison est un nid d'aigle. Perchée au bord d'une falaise, elle donne sur le parc de Nantahala. La toponymie est ici le legs des Indiens cherokees. Mais point d'Indiens dans ces forêts. Il y a deux cents ans, la combe Whiteside fut le lieu de leur rassemblement avant leur déportation vers l'Ohio. Nous étions au départ de leur *piste des larmes*. Exposé plein sud, le granit de la falaise éblouit comme un plastron. S'il a plu, de longs filets noirs ruissellent sur la roche, comme le sang sur le flanc d'un taureau. Nous sommes au sud des Appalaches, chaîne hercynienne toute bosselée de plutons. Voilà deux millions d'années que les vents et les pluies en érodent les cimes. La forêt la couvre comme un manteau troué, laissant voir, ici et là, la nudité du granit. Les sentiers sont pailletés de cette poudre de mica qui fait scintiller les blocs de gneiss et adhère aux semelles. Quand on s'enfonce dans les vallées, le silence s'épaissit d'un coup. On perçoit bientôt la présence d'un cours d'eau. C'est l'impétueux Chattooga, roulant ses muscles d'eau vers le fleuve Savannah. Parfois, la rivière est muette. Bien plus, elle assourdit le paysage. Tout se tait pour écouter son silence. Il y a peu de fond, l'eau est limpide. On en voit les plis et les replis sur le lit de sable, comme une couette remuée par des amants invisibles.

Tous les soirs, whisky en main, nous observons le ciel. De temps en temps, à l'horizon, un éclair silencieux. Le fouet cingle, mais ne claque pas. Quand on a vécu dehors pendant des mois, on ne regarde plus tomber la pluie de la même façon. « Tu ne perds rien pour attendre », nous dit-elle. On est en sursis de vagabondage. On y échappe, *pour cette fois*. Jamais je n'avais connu un tel luxe. Mais je ne pouvais en jouir sereinement. Le capital de force et d'endurance que nous nous étions constitué sur la route, je le dilapidais à regret dans la mollesse et le confort. Nous qui avions réduit au minimum l'incidence de la technique dans nos vies, nous allumions nos feux de cheminée en pressant un bouton, et nos lampes d'un doigté sur l'iPad. Nous avions mendié les seaux pour la douche, et jouissions d'un jacuzzi. Nous avions roulé notre sac de couchage tous les matins, et dormions dans des lits. Nous n'avions bu que de l'eau, et goûtions aux meilleurs vins du monde. Nous avions pédalé comme des brutes, et conduisions une décapotable. Quel était le sens de ces oscillations ? Un dieu sadique mettait mon orgueil à la torture. J'aspirais à la pauvreté et vivais en sybarite. *Retour à la case départ* : la vie est un jeu de l'oie. Nous sommes des pions gesticulants et inertes. Comment ne pas m'accuser d'imposture ? Je n'étais qu'un philosophe en chambre, un franciscain mondain, un pique-assiette, un ermite de grande surface, un rigolo, un aventurier de salon. Tel je me considère, voyageur moderne, amoureux du confort que je prétends honnir. J'affectais l'indifférence. Je disais : « Tantôt on cherche la vertu, tantôt on se laisse aller. Et on a raison dans l'un et l'autre cas. » J'appelais saint Paul à la rescousse : « Je sais vivre de peu, je sais aussi être dans l'abondance. J'ai été formé à tout et pour tout : à être rassasié et à supporter la faim, à être dans le luxe et dans les privations » (*Lettre aux Philippiens*, IV, 12). La vérité est que je souffrais de me voir céder en si peu de temps, et avec volupté, à tout ce à quoi j'avais prétendu renoncer. Le voyage nous laisse tels que nous sommes : on reste soi, dépité de n'être rien que soi – car la virginité que cherche l'explorateur n'est pas celle de territoires lointains, mais la sienne propre. Fallait-il donc me résoudre à toujours déchoir ? Dans la vie morale, il n'y a pas de palier où l'on puisse reposer. Comme les soldats d'Hannibal, tout ce qu'on gagne à force de volonté peut être perdu en quelques minutes de délice. (Âme, Corps, en aurez-vous jamais fini avec vos chamailleries ? Mais non… de grâce, chamaillez-vous : votre guéguerre m'amuse, qui fait le sel de la vie.) Les ascètes grimpent l'échelle sainte. À chaque degré, la chute est possible. Au dernier, elle est certaine, et d'autant plus violente qu'on dégringole de haut. Le vertige nous guette. Il ne faut pas se retourner. Mais on se retourne, c'est plus fort que nous. Nous étions restés sains et saufs en pleine mer et faisions naufrage au port. Mon voyage est un échec de plus. Je l'accueille avec indifférence : la réussite m'eût semblé dérisoire. Atteindre est une piètre victoire pour qui sait l'inanité du but. « C'est l'intention qui compte… » Je ressasse l'éternelle consolation des perdants.

Désormais, toute réforme me paraît vaine, qui ne procède que de ma seule volonté. Je n'espère rien de mes résolutions, j'attends tout d'une conversion. Faut-il vraiment espérer ? Peut-être Sisyphe n'a-t-il pas besoin d'espoir. Il a accepté son sort. Il n'attend plus rien de l'avenir. Tout reprendre *da capo*, c'est son destin. L'ayant compris, va-t-il se mettre à pleurnicher ? Non, il reprend haleine et descend la montagne en sifflotant. On connaît la phrase de Guillaume le Taciturne : « Il n'est nul besoin d'espérer pour entreprendre. » Et le commentaire de Montherlant : « Peut-être y a-t-il dans l'action sans espoir une pureté que rien ne peut troubler – dans ce miroir se révèle notre condition de Sisyphe détrompé. » Qu'importe qu'une action soit vouée à l'échec, si elle est juste. Qu'importe que le monde s'effondre, pourvu qu'on garde son âme intacte (je veux dire à peu près intacte). Ce détachement aura toujours quelque chose pour me séduire. Je pressens cependant qu'il n'est qu'une rodomontade. Sans espoir, on peut agir, mais petitement. Ou plutôt sans espoir on peut agir, mais non sans espérance. Les grandes actions exigent la foi. Les grands hommes sont *croyants*. Ce dernier résidu de foi que la lucidité ne peut dissoudre tout à fait, il ne faut pas le mépriser. C'est lui qui nous fait vivre. La beauté tragique de Sisyphe, c'est son espérance désespérée : le pauvre bougre espère contre tout espoir. Il a beau savoir que le rocher tombera de nouveau, il veut croire que cette ascension sera la dernière. Comment trouverait-il la force de porter sa croix, sans la ferme résolution de la ficher au sommet ? Sisyphe hait d'autant plus sa foi qu'il ne peut s'en déprendre : il en a trop besoin.

L'exil

À Highlands, nous n'étions pas en voyage. Nous n'étions pas rentrés non plus. Cet entre-deux s'appelle l'exil. Greg nous proposa d'appeler nos proches. Dans un premier temps, je refusai. Cette décision ne fut pas toujours comprise. Après quinze mois de route, je craignais que le miracle de la technologie ne me frustre de la joie des retrouvailles. Je haïssais l'instantanéité des conversations téléphoniques, auxquelles je préférais les lettres, qui respectent mieux le désir et l'attente. Avec les êtres, il me fallait leur présence physique ou leur absence (je dis l'absence, je ne dis pas « rien », car l'absence est la manière qu'ont les aimés d'être présents au cœur). Les écrans nous donnaient le simulacre de l'une et nous privaient de l'autre. En nous offrant l'immédiateté et la vitesse, on nous ravit la distance et le désir. Nous perdons au change et toute la sagesse qu'Ulysse sut tirer de son exil, nous n'y avons plus accès. Cela relève du défi, aujourd'hui, de simplement s'éloigner. Enfin, je cédai à l'appel des retrouvailles virtuelles. « Par délicatesse », en réalité par crainte de passer pour un ours (ce qu'on appelle « délicatesse », deux fois sur trois, signale une faiblesse de caractère et le désir canin de se faire aimer du premier venu). Tout se passa comme je le redoutais. La joie de retrouver mes proches, née de quinze mois d'éloignement, annulée en quelques minutes. Il y a un instant, mes amis me manquaient. J'entends leur voix, ils ne me manquent plus. Il y a un instant, j'aurais donné cher pour les voir. Maintenant, ça m'est égal.

La peine capitale des jurisconsultes romains, ce n'était pas la mort, mais l'exil. Cela a un sens profond : on ne vit – ce qui s'appelle *vivre* – que sur le sol qui nous a vus naître. Chez les « barbares », on ne vit pas, on survit. On est privé de tout ce qui fait la jouissance et la dignité d'une vie proprement humaine : l'épanouissement spirituel avec des êtres qui vous comprennent en profondeur. La France, désormais, nous obsédait. Xavier avait imprimé une carte des régions. Comme des écoliers, nous révisions nos départements et nos chefs-lieux de canton. Dans la grande patrie du cinéma, nous regardions les films de Griffith, de Welles ou de Keaton, mais aussi ceux de Renoir, de Carné, de Pagnol. Nous les faisions découvrir à nos hôtes, et nous n'eûmes pas de plus grand bonheur, aux États-Unis, que de faire aimer la France. Il faut dire que notre public était conquis d'avance. Greg avait dans sa bibliothèque les plus grands classiques de notre littérature. Avec un plaisir immense, je lus La Bruyère, Molière, Racine, Beaumarchais, Stendhal, Maupassant, Flaubert. Je lus Gracq, Saint-Exupéry, Renard, Anouilh, Yourcenar. Je n'en avais jamais assez. J'y mettais une application forcenée, dans laquelle je décelais le même appétit déréglé qui m'avait poussé à « bouffer de la route ». Je désespérais de ne jamais parvenir à mettre de la mesure dans mes appétits, et pressentais déjà le point de saturation, où je serais à nouveau lassé de mots, comme j'avais pu l'être de kilomètres. Mais cette orgie de littérature révélait autre chose. Dans cette terre d'abondance, où rien ne me manquait que l'essentiel, mon Ithaque, c'était ma langue. Je compris cette chose capitale, que je sentais déjà sur les routes du Mexique, quand tous les soirs je me réfugiais dans Montaigne : la langue est la vraie patrie de l'homme libre. *Ubi bene, ibi patria*. Là où je suis bien, c'est au sein de ma langue natale. C'est elle ma patrie, mon havre, mon refuge. Protéger la planète, protéger ma langue : même combat. Je ne connais pas de poète qui ne souffre du saccage de l'une sans se préoccuper de l'autre. Qui est soucieux du réel l'est aussi des mots et ce n'est pas une coïncidence si ceux-ci disparaissent comme les espèces animales.

En exil, Xavier n'était pas seulement mon ami. Il était « mon cher compatriote ». À nous deux, nous formions société. Nous nous souvenions des expatriés de Novi Sad, en Serbie. Ils n'étaient pas plus d'une douzaine. Il y avait Jacques, le titi parisien. Il y avait le *Roi Kevin*, flambeur, buveur, tombeur. Il y avait Lucien, bourgeois réservé et sensible. Ils se retrouvaient tous les jeudis soir au café pour parler français, et l'enseigner à ceux qui le souhaitaient. Ils n'avaient pas le même âge ni la même situation. Ils n'avaient certes pas les mêmes opinions. Mais ils s'aimaient. Leurs différences, à l'étranger, ne comptaient pour rien face à tout ce qu'ils se sentaient de commun, et que leur exil leur faisait voir.

Nous avions aussi pour compagnie le chien de nos hôtes, Nemo, un brave cocker atteint de démence que nous promenions tous les jours dans les bois. Ce pauvre vieux était au bord de la mort. Aveugle et sénile, il marchait d'un air pataud et promenait son regard vitreux sans savoir où il allait. On le retrouvait dans des endroits extraordinaires, au pied d'une guérite, sous un canapé, derrière les chiottes. Il s'oubliait dessus, laissait ses étrons un peu partout dans la maison. Il n'y comprenait plus rien. Il subissait. Bon vieux Nemo !

De notre perchoir, nous regardions l'ombre des nuages parcourir la combe Whiteside. Ils allaient à l'est, vers l'Europe. Le vent est parfois bien inspiré.

Le retour

Depuis l'avion, je vois ma verte Normandie, mon Vexin échiqueté. Nous voici restitués à notre rive natale. Mon père m'attend à l'aéroport. Nous nous serrons dans les bras. Je retrouve la maison. Rien n'a changé, j'ai tout revu, etc. Je suis parti il y a un an. Je suis parti hier. Aucune différence. C'est cela, d'avoir ses proches au téléphone la veille du retour. Le foyer est un réconfort et un piège. Le passé y est partout présent. Rien de ce qu'il y a de neuf en moi n'y pourra trouver audience. Tous veulent être « fixés » sur mon compte. Que leur répondre ? Ma vocation, c'est de la chercher.

Je leur avais écrit dans mes lettres : « Vous me manquez », et en effet j'éprouvais un manque. Mais à partir du moment où je sus que mon retour en France était imminent, ces êtres aimés ne me manquaient plus autant, et mon désir se reportait à nouveau sur le voyage, dont je croyais pourtant m'être lassé. On court de désir en désir. On renomme chaque jour la faim qui nous creuse.

Un mois plus tard, Xavier et moi marchions dans les Cévennes. Baignades dans les gardons, nuits à la belle étoile… J'ai trouvé en trois jours de randonnée dans une forêt de France autant de joie qu'en quinze mois de voyage autour du monde. Nous arrivâmes à un vieux mas, habité par la famille de Xavier depuis des siècles. Chaque soir, nous dînions sous un marronnier centenaire, loin de l'agitation des villes. Entouré de gens aimés, foulant enfin la terre qui m'a vu naître, je goûtais à la plus belle joie qui se puisse concevoir. Le bonheur que nous découvre le voyage, nous le possédions sans le savoir.

Jadis, on disait que l'or *naissait* en Amérique. Les galions revenaient lestés de ce métal qui achetait la puissance et le plaisir. Le bonheur qui naît de l'amitié est d'un autre ordre, incommensurable. Dans les Cévennes, je me savais riche d'un trésor que la mort elle-même ne pourrait me ravir. Non, rien ne vaut cette amitié de la route. On la connaît une fois, voilà l'existence justifiée – si tant est que l'existence ait besoin d'être justifiée. Bientôt, il fallut nous quitter. Oh non, pas d'adieu larmoyant. Un sourire, une poignée de main et puis une blague idiote, « pour la route ». Ce n'est qu'un au revoir, mon frère !

Table des matières